아마존의
팀장
수업

아마존의 팀장 수업

아마존 정글에서
살아남는 리더들은
어떻게 일하는가

The Future of
Team Leadership

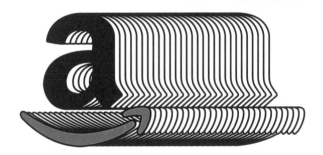

김태강 지음

더 퀘스트

제프 베조스의 리더십 원칙 위에 세워진
아마존 리더들의 특별한 리더십

과거 프랑스 인시아드(INSEAD) MBA 과정 중 나는 매일 같이 신문과 방송 미디어를 통해 아마존을 접할 수 있었다. 당시 아마존은 미국 유명 유기농 슈퍼마켓 체인 홀푸드마켓(Whole Foods Market)을 인수했다. 또한 창업자 제프 베조스는 〈뉴욕 타임스(The New York Times)〉와 함께 미국의 가장 대표적인 일간지로 손꼽히는 〈워싱턴 포스트(The Washington Post)〉를 인수했다. 〈포브스(Forbes)〉는 그해 아마존을 세계에서 가장 혁신적인 기업 3위로 발표했는데, 덕분에 아마존은 나를 포함한 많은 MBA 학생들이 가장 관심 갖고 바라보는 기업이 되었다. 과연 이 기업엔 어떤 비밀이 숨겨져 있는 것일까. 그리고 빠르게 성장하는 그 조직 속에서 나는 무엇을 배울 수 있을까. 그런 호기심 가득한 마음으로 아마존이라는 기업에 지원서를 보내게 되었고, 결국 입사할 수 있었다.

그렇게 시간이 흘러 나는 수많은 아마조니언들을 만나고 그들과 함께 프로젝트를 진행하면서 성장할 수 있었다. 생각보다 업무가 풀리지 않아 스트레스 가득한 밤을 지새운 적도 있고, 어려운 프로젝트를 성공적으로 마무리하며 동료들과 성취감에 기쁨을 나눈 적도 있다. 그런 과정들을 통해 아마존의 리더들이 어떻게 일하는지 배울 수 있었다. 특히 '아마존의 14가지 리더십 원칙'과 '데이원' 문화를 체득했고, 실제 업무에 적용하는 경험을 할 수 있었다.

이 책은 글로벌 혁신 1번지라 일컬어지는 아마존의 일하는 방식에 궁금증을 갖고 있는 사람들에게 나의 경험을 전달하고자 쓰게 되었다. 먼저 이 책은 회사 내 사용되는 커뮤니케이션을 중심으로 이야기를 풀어나간다. 팀이 성과를 만들어내는 일련의 수많은 과정들에 커뮤니케이션이 존재하고, 리더 급은 물론 모든 직장인들이 효율적으로 일하고 성과를 내기 위해 커뮤니케이션은 매우 중요한 무기가 되기 때문이다.

아마존의 회의 시작엔 왜 침묵이 존재하고, 회의실에서 프레젠테이션 발표가 아닌 글을 활용하는 이유는 무엇이며, 어떤 분위기 속에서 서로의 반대 의견이 오가고 어떤 토론이 이뤄지는지 설명한다. 직장 내 커뮤니케이션은 한 조직의 성공에 가장 큰 역할을 한다. 어떤 방식으로 서로의 의견을 전달하느냐에 따라 프로젝트의 성패가 갈린다. 특히 아마존은 '글'이라는 매개체를 직장 내 소통에 적극 활용한다. 새로운 프로젝트를 시작하기 전 보도자료(PR)라는 글을 작성하고, 상사에게 보고를 할 때는 6페이저(6-Pager)라는 글을 쓴다. 이 책은 이런 장치들이 어떤 장점을 갖고 있고 어떻게 활용되는지 예시를 들어 설명한다.

이어서 책의 후반부에는 아마존 팀장들이 어떻게 일하는지, 그들의 업무 루틴을 자세히 썼다. 여기서 말하는 팀장이란 부장이나 차장 정도의 직급으로 한 팀을 이끄는 리더를 칭한다. 하지만 언제나 리더의 마음가짐으로 업무에 임해야 한다는 리더십 원칙을 믿는 아마존 직원들이기에 프로젝트를 이끄는 직원은 그 누구라도 팀장과 같은 방식으로 업무에 접근한다. '자율'과 '책임'을 동시에 인식하는 것이다. 아마존 팀장은 데이터 중심적인 결정을 하고, 필요에 따라 신속하고 빠르게 의사 결정을 내리는 결단력이 있으며, 항상 최고의 결과물을 내기 위해 노력하고, 1:1 회의를 통해 본인만의 네트워크를 형성한다.

또한 이 책은 각 장의 말미에 아마존의 14가지 리더십 원칙이란 무엇인지 개인적인 경험을 통해 설명한다. 이미 아마존에 대한 다른 책들에서도 소개된 바 있는 내용이지만, 나는 이 리더십 원칙들이 실제로 업무 현장에서 어떻게 적용되고 있는지 구체적인 경험을 통해 해설하고자 한다. 아마존 리더십 원칙은 아마존 팀장들을 포함한 모든 아마조니언들에게 나침반과 같은 존재다. 어렵고 중요한 결정을 내려야 할 경우 항상 이 원칙들로 돌아가 본인의 결정에 대한 확신을 얻는다. 나는 이 원칙들이 지금껏 회사의 성장에 가장 큰 역할을 했다고 믿는다.

마지막으로 코로나19로 인하여 달라진 아마존의 모습과 효율적인 업무 환경에 대한 인사이트도 전달한다. 비대면 근무 상황에 아마존은 어떻게 대처하고 있는지, 각자 업무의 효율성을 높이기 위해 어떤 노력들이 필요한지 엿볼 수 있다.

삶에 정답이 없듯이 회사마다 각 조직에 맞는 일하는 방식이 있다. 그러나 커뮤니케이션의 중요성은 어느 조직에게나 동일하게 적용된다. 이 책을 통해 본인이 일하는 방식을 돌이켜보고 도움이 될 만한 힌트를 얻는 소중한 기회가 되었으면 한다.

• 이 책의 내용은 아마존 기업의 입장이 아닌 저자 개인의 경험과 생각임을 알려드립니다.

Chapter 2 혁신을 만드는 아마존의 소통 문화

Chapter 3 아마존의 팀장이 일하는 법

특별 인사이트 코로나 이후, 달라진 아마존의 모습

Chapter 1

아마존의 팀장은
침묵과 글로 말한다

가장 혁신적이고 스마트한 기업, 아마존은 늘 사람들이 북적이고 소란스러울 것 같다. 하지만 특이하게도 아마존의 회의는 '침묵'으로 시작한다. 이 시간에 사람들은 각자 조용히 페이퍼를 읽는다.

사람들은 각자의 페이스가 있다. 정보를 받아들이는 데 더 익숙한 사람이 있는가 하면 같은 문장을 반복적으로 곱씹어보는 게 익숙한 사람도 있다. 여기서 중요한 점은 누가 옳고 그른 게 아니라는 점이다.

사람은 모두 다른 것처럼 그 사람의 페이스 또한 존중받아야 한다. 이 '존중'을 위한 가장 좋은 방법은 침묵이다.

01

회의는
침묵으로 시작한다

아마조니언이 서로의 페이스를 존중하는 방법

아마존 회의의 3분의 1은 침묵의 시간

많은 회사들이 그렇듯 아마존의 직원들도 출근 후 풍경은 거의 비슷하다. 사무실에 들어와 가볍게 인사를 건네고 자리에 앉아 각자의 업무를 시작한다. 정신없이 일하다 보면 어느새 회의 시간이 다가온다.

아마존에서 회의는 느닷없이 시작하는 법이 드물다. 고정적인 주간 회의 등이 아니라도 적어도 하루 전에는 고지해야 한다. 회의 주최자는 회의 중 읽을 글을 사전에 메일로 공유해서 참석자들이 읽을 수 있도록 한다. 여기서 회의 주최자는 직급과 상관없이 안건이 있는 누구나 될 수 있다. 보통 프로젝트 담당자나 비즈니스를 총괄하는 사람이 많이 소집한다.

그렇게 회의 시간이 되면 각국의 참석자들은 사내 화상회의 프로그램인 아마존 차임(Amazon Chime)에 접속한다. 타 지사 참석자를 제외하고 같은 사무실에 근무하는 직원들은 정해진 회의실에 모여 가볍게 인사말을 전한다. 시작에 앞서 주최자는 회의의 목적을 설명하고 준비해온 프린트를 전달한다.

그리고 회의실은 조용해진다. 화상으로 접속한 사람들도 음소거 버튼을 누른 다음 글을 읽는다. 고요한 회의실엔 종이를 넘기는 소리와 사람들의 필기 소리만 작게 들려온다. 주최자는 본인의 글에 부족한 부분은 없는지 이 시간을 통해 다시금 꼼꼼하게 확인하고, 글을 읽는 사람들의 분위기를 살피며 예상 질문에 대한 답을 되새긴다.

어느 정도 시간이 지나면 참석자들은 고개를 들어 글을 다 읽었음을 넌지시 알린다. 어떤 사람은 회의 중 질문할 내용들을 필기하고 어떤 사람은 노트북을 열어 밀린 메일을 확인한다. 사람마다 같은 글을 읽는데도 속도가 달라 추가 시간을 요청하는 사람도 있다. 그렇게 얼마간의 시간이 흐른 뒤 주최자가 고개를 들고 말한다. "질문 받겠습니다."

참 낯설고 어색한 풍경이다. 이 '어색한 침묵'은 아마존의 회의를 설명하는 대표적인 표현이다. 입사 후 누구나 겪는 이 어색한 침묵은 생각보다 빨리 회사 생활의 일부가 된다.

침묵은 회의의 질을 높인다

회의란 단어의 사전적 의미를 찾아보면 '여러 사람이 모여 의논한다'는 뜻이라고 나와 있다. 사람들의 의견을 듣기 위해 모이는 자리다. 하지만 아마존에서는 전체 회의 시간 중 3분의 1을 침묵한다. 그 점이 내겐 매우 인상적이었다.

다른 회사에서 근무했을 때 이야기다. 드물게 회의 시간에 파워포인트가 아닌 한글 파일로 글을 빼곡히 적은 문서를 작성한 적이 있었다. 그 문서에는 부서별로 주간 진행 상황을 불릿포인트(Bullet Point, 글머리 기호)로 표시해 정리했는데, 같이 보고하는 부서가 많다 보니 그만큼 내용이 많았다. 하지만 이런 경우는 사전에 공유해서 모두 숙지된 상태에서 회의를 시작하거나 회의 시작과 함께 주최자가 내용을 정리해서 발표한다. 그러니 회의실에서의 침묵은 경험해본 적이 없다. 오히려 침묵이 생기면 마치 라디오 방송 사고라도 난 것처럼 진땀을 흘리며 누군가 계속해서 오디오를 채웠다.

아마존 회의 시간에 글을 정독하고 있는 사람들을 바라보노라면 마치 시험장에 앉아 있는 느낌이다. 참석자들은 단어 하나하나를 되짚어보고 본문에 나온 내용과 부록에 첨부된 도표들에 차이는 없는지 꼼꼼히 살펴본다. 누군가는 종이의 여백에 질문할 내용을 적기도 하는데 남는 공간이 보이지 않을 정도로 빼곡히 적는 경우도 많다. 각자 본인만의 방식으로 글을 읽는 이들의 모습은 꽤나 진지하고 열정적이다.

내 시간만큼 동료의 시간도 소중하다

물론 아마존의 회의에서도 사전에 발표 자료를 메일로 보낸다. 하지만 다른 회사와 달리 아마존에서는 회의 중에 자료를 읽을 시간이 따로 있다. 왜 그럴까? 여러 가지 이유가 있겠지만 무엇보다 회의 전에 내용을 숙지하지 못한 사람들이 많기 때문이다.

매일 각자의 업무뿐만 아니라 다양한 회의 참석으로 따로 시간을 내어 모든 자료를 사전에 숙지하기란 어려운 일이다. 만일 모두가 숙지했다고 가정하고 회의를 진행한다면 내용을 제대로 파악하지 못한 사람들이 있다는 사실을 간과하게 되고, 그만큼 회의의 성과도 보장할 수 없다. 그렇기에 현장에서 읽을 시간을 줌으로써 모두가 동일 선상에서 대화할 수 있도록 하는 것이다.

그뿐만 아니라 메일로 받은 자료를 미리 읽어본다고 해도 회의실에서 모든 내용을 기억하기란 어렵다. 그래서 회의 직전에 자료를 읽어볼 시간을 제공해 정보를 가장 잘 파악한 상태에서 논의하도록 하는 것이다. 그렇다면 왜 아마존은 발표자에게 내용을 설명하게 하지 않고 모두가 자료를 정독하는 침묵을 선택했을까.

이 침묵의 시간은 사실 매우 중요한 시간이다. 사람들은 조용히 그리고 천천히 자신의 속도로 글을 읽는다. 발표자가 있는 회의에서 아마도 많은 사람이 그런 경험을 했을 것이다. 분명 잘 정리된 좋은 글임에도 불구하고 발표자의 말이 너무 빨라서 정확하게 이해하지 못하거나, 발표자가 한 문장, 한 문장 천천히 읽어나가는 바람에 시간이 늘어나는 경우 말이다.

나도 그런 경험이 있었는데 발표자의 말을 중간에 끊는 게 실례가 될 것 같아 차마 말을 꺼내지 못했다. 발표자의 읽는 속도에 맞춰 글을 읽어 내려가는 것은 참 괴로운 일이었다. 나는 다음 문단을 읽을 준비가 됐지만 발표자의 속도를 따라가다 보니 이미 읽은 내용을 또 봐야 했다. 어느새 하품이 몰려왔고 고개를 돌려 동료를 보니 벌써 글을 다 읽고 핸드폰을 보고 있었다.

아마존의 팀장은 침묵과 글로 말한다

침묵은 사색할 여유를 준다

사람들은 각자의 페이스가 있다. 정보를 받아들이는 데 익숙한 사람이 있는가 하면 같은 문장을 반복적으로 곱씹어보는 게 익숙한 사람도 있다. 여기서 중요한 점은 누구 하나가 더 잘난 게 아니라는 점이다. 사람은 모두 다르듯 각자가 정보를 습득하는 방식과 속도 또한 존중받아야 한다. 이 존중을 위한 가장 좋은 방법은 '침묵'이다. 침묵으로 각자에게 자신의 페이스로 읽어나갈 시간을 제공하는 것이다.

또한 침묵은 참석자들에게 깊이 사색할 시간을 준다. 단순히 정보를 읽어들이는 게 아닌 내용을 파악하고 생각을 정리할 시간을 주는 것이다. 발표자가 있을 때는 발표자의 속도에 따라 정보를 얻다 보니 내용에 대한 깊은 고민을 해볼 시간이 없다. 프로젝트에 큰 영향을 주는 부분일 때도 말이다. 참석자들은 회의가 끝나고 나서야 '아까 이런 식으로 내 주장을 펼쳤으면 어땠을까'라고 생각하게 된다.

물론 경험이 많은 직원들 중에는 발표자의 설명을 빠르게 알아듣고 날카롭게 질문할 수 있는 사람들도 있다. 특히 직급이 높을수록 이런 능력을 보유하고 있다. 하지만 아쉽게도 모두가 그렇지는 않다. 회의에 참석한 사람들의 날카로운 의견을 듣고 수준

높은 토론을 이끌어내고 싶다면 그들에게 사색할 시간을 제공하는 게 중요하다. 분명 전보다 좋은 피드백을 받으며 질 높은 토론을 할 수 있을 것이다.

―――――

시간 낭비를 현저하게 줄인다

사실 회의 중에 글을 읽으면 일단 전체 회의 시간이 늘어나고 의견을 나누는 시간이 줄어든다는 단점이 있다. 아마존에서는 한 시간짜리 회의일 경우 약 20여 분을 글 읽는 데 쓴다. 그만큼 토론 시간이 줄어들기에 이를 보완하기 위한 몇 가지 룰이 있다. 예를 들면 '주제에 냉정해야 한다(꼭 필요한 주제만 다룬다)', '필요 이상의 정보는 자료에 담지 않는다', '의견을 듣고 싶은 최소한의 인원만 모인다', '토론은 주제에서 벗어나면 안 된다', '불필요한 설명은 최소화한다' 등이다.

어떻게 보면 토론 시간은 짧지만 질 좋은 회의와 시간은 길지만 그만큼 얻어가는 게 없는 회의, 두 가지 중에서 선택하는 일이다. 침묵이 조직 문화로 자리 잡은 아마존에서는 회의의 질을 선택하는 게 더 효율적이라고 믿는 게 아닐까.

한편 어떤 안건에 대해 관련 직원들이 메일 등으로 모두 동의한다는 의사를 밝힐 경우는 회의 자체를 열지 않는다. 아마존은 쓸데없이 시간을 낭비하는 일은 하지 않는다.

———

침묵은 결국 인사이트로 연결된다

입사 첫해 유럽 본사에서 오프사이트(Off-site)가 열린 적이 있다. 챕터 2에서 더 자세히 얘기하겠지만, 오프사이트란 다양한 국가에서 근무하는 직원들이 한곳에 모여 정해진 의제를 바탕으로 회의를 진행하는 것을 말한다. 나는 입사한 지 얼마 되지 않아 아마존 문화에 아직 적응도 못 한 상태였다. 따뜻한 날씨가 시작되는 5월에 열릴 이 오프사이트에서는 국가별 담당 팀장들이 참석해서 현 상황과 남은 한 해의 계획을 공유할 예정이었다.

미국과 유럽 각국의 팀장들이 룩셈부르크로 모였고 그들에게 나는 아마존 입사 후 처음 작성한 글을 공개해야 했다. 당시 나는 글쓰기 젬병이었다. 외국 생활을 오래 했지만 이과 출신이라 에세이를 적을 일이 많지 않았고, 한동안 국내 기업에서 근무하며 영어를 사용할 일이 적어지면서 자신감이 떨어진 상태였다.

빨간 줄 투성이던 페이퍼

오프사이트 전날 완성된 글을 내 담당 매니저(아마존에서는 각 직원에게 매니저가 매칭된다. 매니저는 많게는 10명까지의 직원을 담당하며 업무와 회사 생활에 대한 피드백 및 각종 팁을 전수한다. 또한 직원의 현재와 미래에 대해 상담도 한다)에게 공유하며 조언을 구했다. 그러나 그 역시 본인이 담당하는 세션을 준비하느라 정신이 없었고 퇴근 시간이 돼서야 깜빡 잊고 피드백을 주지 못했다며 미안함을 표했다. 내가 괜찮다면 늦은 시간에라도 피드백을 주겠다고 했다. 그리고 정말로 밤 아홉 시에 메일을 보내줬다.

'당신의 글은 전반적으로 좋습니다. 지금은 아무래도 늦었으니 너무 무리해서 고치지 않아도 될 것 같아요.'

그의 피드백이었다. 하지만 막상 첨부된 글을 열어보니 문장마다 빨간 줄이 그어져 있었고 어떤 방식으로 고쳤으면 좋을지 자세한 설명이 적혀 있었다.

글에 표시된 피드백은 매우 구체적이었고, 글의 여백이나 문단 간 거리와 같은 글의 포맷에 대한 내용부터 문장 배치를 어떻게 하면 좋을지에 이르기까지 세세한 의견이 가득했다. 나는 빨간 줄이 그어진 문장들을 하나씩 정리하며 글의 완성도를 높였고 새벽 세 시가 돼서야 잠자리에 들 수 있었다.

침묵이 기대감으로 변하는 순간

오프사이트 당일 아침이 되었다. 글을 인원수만큼 출력하면서 어려운 질문이 없기만을 간절히 바랐다. 회의실에 들어가자 화상회의에서만 대화를 나눴던 팀장들이 앉아 있었다. 실제로 만나니 매우 반가웠고 서로 인사를 나눴다.

나는 밤새 고친 글을 출력해 나눠 주면서 곧 침묵의 시간이 있을 거라고 통보했다. 그리고 참석자들에게 "참고로 입사 후 쓴 첫 글이니까 감안해서 읽어줘"라며 너스레를 떨었다. 팀장들은 "나도 예전에 그 말을 했던 게 기억나네", "지금 네 기분이 어떨지 잘 알 것 같아"라며 독려해줬다.

회의가 시작됐고 회의실에는 어색한 침묵이 가득했다. 사람들이 내 글을 읽는 모습을 조심스럽게 살짝 봤는데 왠지 그들이 내 생각을 꿰뚫어 보는 것 같은 기분이 들었다. 다른 누군가의 지적을 받을 게 걱정됐던 걸까. 쾌적했던 회의실임에도 불구하고 온몸에 식은땀이 나기 시작했다.

첫 침묵의 경험은 민망하고도 부끄러웠다. 침묵의 시간 후 논의가 시작되었다. 모두가 내게 첫 글인데도 매우 깔끔하다며 칭찬을 아끼지 않았다. 질문들은 대부분 글을 적으면서 생각했던 예상 질문 범위에서 벗어나지 않았기 때문에 다행히 당황스러운 일을 겪지 않았다. 회의가 끝난 후 담당 매니저는 늦은 시각까지 글을 수정하느라 수고했다는 말을 전해왔다.

그 후 3년의 시간이 흘렀다. 이젠 어색한 침묵이 꽤나 익숙하다. 얼마 전에는 그날의 나처럼 첫 글을 선보이는 다른 동료의 회의에 참석했다. 그 역시 나와 비슷한 말을 내뱉으며 긴장한 모습을 보였다. 어색한 표정으로 어서 빨리 침묵이 끝나기를 기다리는 것 같았다. 내가 그랬듯 그에게도 이 침묵하는 시간은 곧 회사 생활의 일부가 될 것이다. 민망함과 부끄러움이 좋은 의견들에 대한 기대감으로 변하면서 말이다.

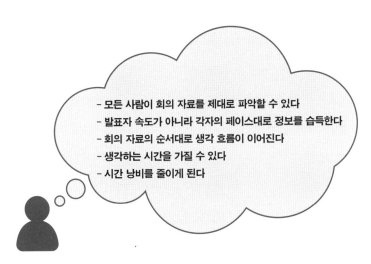

- 모든 사람이 회의 자료를 제대로 파악할 수 있다
- 발표자 속도가 아니라 각자의 페이스대로 정보를 습득한다
- 회의 자료의 순서대로 생각 흐름이 이어진다
- 생각하는 시간을 가질 수 있다
- 시간 낭비를 줄이게 된다

아마존의 침묵은 효율적이다

02

말보다는
글로 소통한다

아마존에는 글쓰기 트레이닝이 있다

앞서 말한 것과 같이 아마존 회의의 중심에는 '글'이 있다. 덕분에 아마조니언(아마존 직원들을 부르는 명칭이다)들은 글을 작성하는데 많은 시간을 할애한다. 예전에 한 지인이 아마존에서의 생활이 어떠냐고 물어봤을 때 나는 마치 작가가 된 것 같다고 했다. 그만큼 다양한 글이 존재하고 회의마다 글도 달라진다. 그럼에도 정리하면, 아마존 회의에서 쓰는 글은 크게 PR FAQ, 6페이저, 1페이저 세 가지로 나눌 수 있다. 각각에 명칭을 따로 붙일 만큼 각 글은 성격과 경계가 명확하다.

보통 신입들은 사내 온라인 교육과 기존 팀에서 작성했던 글을 읽으며 아마존 식 글쓰기를 배우고 익힌다. 사내 온라인 교육에는 수많은 글쓰기 트레이닝 코스가 있다. 회의마다 어떤 글이 필요하고 어떤 방식으로 적어야 하는지 자세한 설명을 해주는 교육 프로그램이 있어 직원들은 필요에 따라 자유롭게 코스를 선택해서 들으면 된다.

또한 담당 매니저들에게도 글쓰기 코칭을 받는다. 아무래도 경험이 많고 아마존에서 오래 근무한 직원일수록 글쓰기 팁을 많이 알고 있다. 그래서 쓴 글을 바로 공유하지 않고 글을 잘 쓰는 다른 동료나 팀장에게 사전에 공유하고 피드백을 받는다. 이를 '바 레이징(Bar-raising)'이라고 하는데 이 과정을 통해 글의 수준을 높이고 완성도 있는 글을 쓸 수 있다.

이처럼 주기적으로 교육을 받고 다른 사람들의 피드백을 받다 보면 어느새 '아마존스럽게' 글을 쓰고 있는 자신을 발견한다. 아마존스러운 글이란 무엇일까? 바로 혁신을 만드는 아마존의 문화, 즉 창립자 제프 베조스가 추구하는 리더십 원칙에 부합하는 글을 말한다. 베조스는 2002년 리더십 원칙 14가지 항목을 발표했고 아마존의 모든 직원은 이를 실천하기 위해 노력해왔다. 각 챕터의 마지막에 아마존 문화를 형성한 이 원칙들에 대해 자세히 설명해놓았다. 이는 아마존에서 사용되는 글뿐 아니라 모든 회의와 아마조니언들의 사고 근간이 된다.

기획의 시작에는 PR FAQ가 있다

고객은 아마존의 모든 서비스와 프로젝트의 시작이다. 아마존은 세상에서 고객에게 가장 집착하는 기업이 되고자 한다(75쪽 '아마존 리더십 원칙 01 고객에게 집착하라'를 참고하라).

흔히 '고객이 왕이다'라는 말처럼 고객들이 만족할 제품과 서비스를 제공하는 건 비즈니스의 기본이다. 하지만 아마존은 거기에 만족하지 않고 나아가 고객에게 집착하라고 말한다. 고객들이 원하는 게 무엇인지 고객의 시선에서 생각하고, 설령 이익을 가져오지 않을지라도 고객의 경험과 만족도를 올릴 수 있다면 과감하게 투자한다.

고객에게 집착하는 원칙과 관련해 전설처럼 내려오는 이야기들이 몇 가지 있다. 한 고객이 결혼식 날 필요한 물품을 아마존에서 구매하려 했는데 실수로 잘못된 물건을 주문한 적이 있었다. 그 고객은 원하는 물건들을 결혼식 전에 받지 못할 위기에 처했고, 그 소식을 알게 된 고객서비스 담당 직원이 자신의 차로 직접 물건을 전달했다. 덕분에 고객은 꿈꿨던 결혼식을 무사히 치렀다고 한다. 이 일화는 곧 유명해져서 그 고객서비스 담당 직원은 고객집착(Customer Obsession)의 표본이 되었다.

아마존의 이 고객집착 정신은 PR과 FAQ(Press Release / Frequently Asked Questions)에 가장 잘 나타나 있다. 모든 프로젝트의 시작에는 언제나 PR FAQ가 있다. PR FAQ는 PR과 FAQ가 합쳐진, 프로젝트를 진행하기 전에 적는 글이다. 이는 신사업의 설명 자료로서 사용자 경험이 무엇인지 먼저 생각한 다음에 역순으로 적어 내려간다.

고객을 위한 고객의 이야기, PR

PR은 언론 보도자료다. 작성자는 잠시 눈을 감고 제품이 출시되는 날을 상상한다. 제품 출시일에 언론사에서 그 제품에 대한 보도를 어떻게 할지 그려보는 것이다.

PR에는 고객의 제품 사용 후기가 있을 수도 있고 회사의 부사장이나 디렉터들이 등장해 제품을 만든 이유 등을 설명할 수도 있다. 특히 이 글은 고객의 입장에서 생각해보고 작성하는 것이 핵심이다. 새로운 제품이나 서비스가 고객에게 어떤 혜택을 줄 것인지 설명하는 글이기 때문이다. 이를 아마존에서는 워킹 백워드(Working Backward, 고객의 입장에서 시작해 거슬러 올라가는 작업)라고 부른다. 고객이 원하는 게 무엇인지 파악하고 이를 현실화하기 위해 어떤 제품이 필요한지 생각하는 데서 출발한다.

잘 작성된 PR은 실제 보도자료와 매우 흡사하다. 지역 신문사 이름과 제품 출시 일자도 적혀 있다. 짧은 글이지만 간단명료하게 고객경험(Customer Experience)을 설명하고 담당 관리자의 가상 설명을 적는다. 이 글을 읽으면 이 제품이 왜 필요한지, 어떤 제품인지가 한눈에 그려진다.

📄 PR은 이렇게 씁니다

A 전자, 무선 헤어드라이기 애니웨어 출시
한 번의 충전으로 일주일 동안
어디서든 사용 가능한 무선 헤어드라이기

| 서울 B일보 2022. 3. 28. |

오늘 A 전자는 장소와 상관없이 어디서든 사용 가능한 무선 헤어드라이기 애니웨어(Anywhere)를 출시했다. 사용자는 단 한 번의 충전으로 일주일 동안 애니웨어의 강력하고 빠른 건조를 경험할 수 있다.

"매번 플러그를 꽂았다 뽑았다 하는 게 얼마나 불편했는지 몰라요."

서울에서 미용실을 운영하는 양자윤 씨의 말이다.

"전기선에서 자유로워져 정말 편해요. 낮은 곳에 꽂힌 플러그를 매번 허리를 굽혀 뽑을 필요 없이 고객이 어디에 있든 바로 드라이기를 사용할 수 있어요."

무선 청소기 같은 전자기기들이 유선에서 무선으로 넘어가고 있는 추세다. 하지만 실생활에서 매일 사용하는 헤어드라이기는 배터리 성능 문제로 아직도 유선 제품들이 시장을 장악하고 있다.

A 전자는 차세대 리튬 배터리를 양산화하는 데 성공하며 무선 헤어드라이기 시대의 문을 열었다. 제품 애니웨어의 경우 한 번의 충전으로 12시간 동안 강력한 바람이 지속된다. 특히 A 전자의 파워 모터는 최대 120,000rpm까지 회전하며 모발을 빠르게 건조시켜 손상을 방지할 뿐 아니라 정교한 스타일링을 가능하게 한다. 또한 5분간 고속 충전으로 10시간 동안 사용할 수 있어 고객들의 편의성을 대폭 향상시켰다.

A 전자의 김수현 상무는 다음과 같이 설명했다.

"애니웨어로 우리 A 전자의 고객들은 보다 자유롭게 헤어드라이기를 사용할 수 있게 됐습니다. 단순히 편의성을 개선한 것뿐 아니라 더 강력해진 파워 모터를 장착함으로써 더 이상 기기의 성능과 타협할 필요가 없습니다."

제품 사용 방법은 간단하다. 무선 헤어드라이기와 함께 제공되는 거치대에 제품을 올려놓으면 자동으로 충전이 시작된다. 고객은 필요에 따라 제품을 사용하고 사용이 완료되면 거치대에 올려놓으면 된다. 애니웨어의 상단 LED 표시로 배터리 잔량을 확인할 수 있고 터치 버튼을 사용해 온도 변경 및 자동 모드와 파워 모드 전환이 가능하다.

"선이 없다는 게 이렇게 편할 거라고 생각해본 적이 없어요. 이젠 출근 때마다 헤어드라이기 전원을 꽂을 필요 없이 화장실이든 안방이든 자유롭게 사용할 수 있어요. 더 이상 선이

아마존의 팀장은 침묵과 글로 말한다

있는 헤어드라이기는 사용하지 못할 것 같아요."

직장인 심진아 씨는 애니웨어를 사용한 후기를 이렇게 전해왔다.

신규 무선 헤어드라이기 애니웨어는 오늘부터 A 전자 홈페이지(http://www.Aelectronics.co.kr)에서 구매할 수 있다. 가격은 단일 모델 34만 5,000원으로 예정되어 있다.

선택을 확신하게 해주는 질문들, FAQ

FAQ는 자주 묻는 질문들이다. PR에 자세히 설명되지 않았거나 사람들이 궁금해할 수 있는 내용들을 적는다. 예를 들어 이 프로젝트가 고객들에게 왜 중요한지, 기술적으로 가능한지 등 독자들이 물어볼 만한 질문들의 답을 적는다.

이렇게 작성된 PR FAQ는 프로젝트의 방향성을 보여준다. 따라서 작성자는 이 글을 쓰는 데 오랜 시간을 투자할 수밖에 없다. 논리적으로 부족한 부분은 없는지, 날카로운 질문에 명쾌한 답을 제시할 수 있는지 끊임없이 고민한다. 주변 동료에게도 글을 공유해서 피드백을 받기도 하고, 명확하지 않은 부분은 보충해가며 글의 완성도를 높인다. 이런 과정을 반복하며 글에 깊이를 더하면 작성자 역시 프로젝트에 대한 확신이 생긴다.

이후 글은 팀장들에게 공유되어 그들의 판단 아래 프로젝트 진행 여부가 결정된다. 프로젝트 승인이 나면 다시 유관 부서에 글이 공유되고 어떤 제품을 만들 것인지, 왜 만들어야 하는지 설명하는 데 쓰인다.

글을 읽으며 궁금한 점은 대부분 FAQ 섹션에 설명이 나와 있기 때문에 매번 유관 부서와 회의를 할 필요가 없다. 그뿐만 아니라 장기 프로젝트를 하다 보면 초반과는 다른 방향으로 흘러가기도 하는데, 그럴 때마다 프로젝트 팀은 이 글을 읽어보며 고객을 위한 옳은 선택을 하고 있는지 돌아볼 수 있다. 따라서 잘 정리된 FAQ는 프로젝트가 원활하게 진행되도록 도와준다.

앞서 PR의 예로 든 A 전자의 제품에 대해 FAQ를 작성한다면 다음과 같이 쓸 수 있다. 물론 이는 간단한 예시이므로 참고만 하기 바란다.

📄 FAQ는 이렇게 씁니다

- **고객 질문 1**: 무선 헤어드라이기는 배터리 때문에 무거울 거라는 생각이 든다. 제품의 무게는 어떻게 되는가?
- **고객 답변 1**: 700그램. 배터리를 추가함으로써 기존 제품보다 200그램이 증가했다. 하지만 이는 고출력 헤어드라이기

평균 무게와 동일하다.

- **고객 질문 2**: 온도와 세기는 어떻게 변경 가능한가?
- **고객 답변 2**: 제품 상단의 LED 표시 화면을 통해 변경 가능하다. 기본적으로 자동 모드가 적용되는데 AI 기술을 적용해 모발의 젖은 정도에 따라 자동으로 온도와 세기를 변경한다. 에코 모드라는 아이콘을 선택할 경우 최대 12시간 동안 제품을 사용할 수 있다. 파워 모드로 전환하면 최대 출력으로 다섯 시간 동안 사용 가능하다. 마지막으로 고객의 편의에 따라 수동 모드로 전환한 후 원하는 세기와 온도를 터치 버튼을 사용해 변경할 수 있다.

- **내부 질문 1**: 현재 배터리 기술로 무선 헤어드라이기를 12시간 동안 활용하는 게 가능한가?
- **내부 답변 1**: 그렇다. 이번 배터리 사업부에서 양산 준비 중인 차세대 리튬 배터리 XYZ-123으로 테스트한 결과 에코 모드로 사용할 경우 12시간 동안 지속해서 사용 가능한 것을 확인했다.

- **내부 질문 2**: 현재 무선 헤어드라이기 시장의 크기와 기회는 어떤가?
- **내부 답변 2**: 전 세계의 무선 헤어드라이기 시장은 2025년 5,000억 원, 2030년까지 4조 원이 될 것으로 예상하고 있다. 기존 유통 네트워크와 마케팅 자본을 공유한다면 시장 초기 진입이 가능할 것이고 선점자의 우위를 얻어 2030년까지 무선 헤어드라이기 시장점유율을 23퍼센트까지 끌어올릴 수 있을 것으로 예상한다.

성과 보고에 사용되는 6페이저

직장인과 보고는 떼려야 뗄 수 없는 관계다. 어떤 위치에 있든지 직장인들은 늘 보고를 한다. 팀원은 팀장에게 업무 보고를 하고, 사장은 이사회에 참석해 기업 성과를 알린다. 이처럼 보고란 조직 내에서 끊임없이 자신의 일을 다른 누군가에게 설명하는 일이다. 따라서 그 절차와 형식도 어느 정도 정해져 있는 것이 보통이다.

아마존에서도 물론 보고를 해야 한다. 성과 보고는 주로 분기별로 진행하며 이때 '6페이저(6-Pager)'라는 글이 사용된다. 말 그대로 본문 길이가 여섯 장인 글을 통해 성과 보고를 하는 것이다. 부록이나 자주 묻는 질문들을 추가로 작성할 수 있지만 본문의 길이는 여섯 장이 넘어가지 않는다. 심지어 수많은 팀과 함께 임원 보고를 준비하더라도 핵심 내용만 적어서 글의 길이를 여섯 장으로 유지한다.

여섯 장으로 보고문의 분량을 정해두는 이유가 있다. 글이 길어지면 사람들은 집중력을 잃는다. 한 시간 반 정도 진행되는 회의에서 너무 많은 내용을 다루면 깊이 있는 토론이나 건설적인 피드백을 받을 수 없다. 그래서 본문 길이를 제한해 꼭 필요한 내용만 회의에서 다루는 것이다. 아무리 많은 업데이트가 있더라도 글은 줄일 수 있다. 그리고 글을 요약하는 과정에서 더 좋은 글이 나온다. 적을 수 있는 글의 길이가 정해져 있다면 작성자는 내용의 핵심만 담으려고 노력하게 된다.

문제를 '카펫' 아래 숨기지 마라

6페이저에는 정해진 포맷이 있지 않다. 부서마다 정해진 여백과 서체 그리고 글자 크기들이 있지만 정답은 없다. 하지만 자주 사용되는 6페이저를 예로 들면 가장 먼저 핵심을 요약한 개요로 시작한다. 전체적인 글을 한 문단으로 정리해 설명한 글이다. 보통은 글을 전부 작성한 다음, 마지막으로 사람들이 적어도 이것만큼은 기억했으면 하는 내용을 적는다.

그리고 필요에 따라 재무 상황을 요약해서 넣는다. 발생된 매출과 비용, 이익과 같은 재무 상태를 한 문단으로 요약 및 설명한다. 그런 다음 잘한 점과 아쉬운 점을 적는다. 여기서 중요한 건 잘했던 만큼 아쉬웠던 점에 대해 솔직하게 적는 것이다. 누구나 칭찬을 받고 싶어 하며 잘못된 일이나 실수는 감추고 싶어 한다. 하지만 회사의 모든 일이 항상 잘될 수는 없다. 제품 출시가 지연될 수도 있고 연간 목표를 달성하지 못할 수도 있다. 그런 문제가 발생하면 언제나 투명하게 보고해야 한다.

이를 두고 우리는 '카펫 아래 숨기지 말자(Don't sweep under the carpet)'고 한다. 실수는 누구나 할 수 있다. 하지만 원인에 대해 충분히 고민하지 않는다면 실수는 반복된다. 그렇기에 잘못한 점에 관해 이야기할 때는 문제의 원인과 방지를 위한 메커니즘도 함께 적어야 한다. 아마존은 실수에 너그럽다. 물론 그 실수가 반복되지 않는 경우에 한해서 말이다.

모두 담기보다 필요한 것만 압축한다

개요를 적었다면 그다음으로 프로젝트에 관여한 각 팀들의 세부적인 상황을 적는다. 예를 들어 제품을 담당하는 프로덕트 팀이라면 신규 제품 프로젝트들이 어디까지 진행되었는지에 대해 적는다. 이미 제품을 출시했다면 지금까지 얼마나 많은 유저를 확보했는지 쓸 수 있고, 추가 개선에 관한 계획을 쓸 수도 있다. 만일 마케팅팀이라면 이때까지 진행했던 캠페인과 프로모션들에 대한 설명을 작성하고 결과를 수치화해서 이를 통해 얻은 인사이트를 공유한다.

물론 여섯 장이라는 글의 길이 때문에 모든 것을 담을 수는 없다. 이 때문에 동료들 중에는 본인에게 주어진 분량이 적다고 불만을 표시하는 사람도 있다. 그러나 개인적으로는 이 점이 6페이저를 더 효율적으로 만든다고 생각한다. 모든 사람이 각 팀의 구체적인 사안까지 알 필요는 없기 때문이다. 지나치게 자세한 내용은 필요 이상의 토론을 이끌기도 하고, 읽는 사람을 혼란스럽게 만들기도 한다.

이 글을 읽을 사람이 누구인지, 그들에게 필요한 정보가 무엇인지 항상 고민해야 한다. 사람마다 필요한 정보는 다르기에 읽는 사람에게 맞춰 글을 쓰면 정해진 분량 속에서도 핵심이 잘 드러난 날카로운 글을 쓸 수 있다.

본문 쓰기가 끝나면 '자주 묻는 질문'과 '부록'을 작성한다. 먼저 자주 묻는 질문에는 본문에서 자세하게 설명하지 못한 내용들을 담는다. 또한 지난 회의 중 질문에 명확하게 답하지 못했던 내용이 있다면 여기서 다뤄도 된다. 자주 묻는 질문 항목을 잘 활용하면 회의의 질을 상당히 높일 수 있다. 글의 핵심과 관련된 질문은 회의 중 뻔한 질문이 나오는 것을 방지한다.

가끔 회의 중에 질문을 너무 많이 하는 사람들이 있다. 개중에는 중요한 질문을 하는 사람도 있지만 그저 회의에서 본인의 목소리를 내고자 뻔한 질문을 하는 사람도 있다. 회의를 주최한 입장에서 그런 질문을 받는다면 오히려 반가울 수도 있다. 미리 준비한 답변을 건네며 회의를 쉽게 풀어갈 수 있기 때문이다. 그러나 회의의 목적이 아이디어에 대한 다른 사람들의 피드백을 받기 위함이라면 이런 질문들은 방해가 된다. 그렇기 때문에 자주 묻는 질문 항목을 활용해서 여기에 뻔한 질문에 대한 답을 미리 적어놓으면 된다.

부록에는 본문의 내용을 뒷받침하는 자료를 넣는다. 예를 들어 의사결정에 사용된 자료나 개발 진행 상황을 정리한 표를 넣을 수 있다. 부록과 자주 묻는 질문은 사실 정해진 길이가 없다. 그렇다고 해서 모든 데이터를 넣으라는 말이 아니다. 앞서도 말했지만 회의 참석자들이 모든 사안을 세세히 알 필요가 없다. 본문의 주장이나 설명에 근거가 될 만한 데이터만 추가하면 된다. 모든 정보를 전부 담는 것보다 꼭 필요한 부분만 잘 정리하는 것도 글을 잘 쓰는 요령이다.

전체 글을 총괄하는 '오너'의 역할은?

분기 보고에 사용되는 6페이저는 짧게는 2주에서 길게는 두 달까지 준비하는 기간을 갖는다. 먼저 전체 글을 담당하는 오너(Owner)를 정한 뒤 보고 준비 일정을 세운다. 아무래도 각 부서의 업무 상황을 취합하다 보니 전체적인 글의 흐름이 부자연스러울 수 있다. 그러다 보면 막상 회의에서 글을 읽는 사람들은 내용을 파악하기 어려울 수 있다. 따라서 전체 글을 담당하는 오너를 정하고 그가 글을 모아서 하나의 글로 완성시키는 방법이 가장 좋다.

그다음 준비 기간 동안 담당자들은 정기적으로 만나서 서로의 진행 상황을 공유하고 피드백을 받는다. 다른 부서들이 궁금해하는 내용이 자주 언급되면 이를 따로 취합해서 '자주 묻는 질문'에 추가한다. 서로의 피드백을 공유하면서 글의 완성도를 높이고 이 과정을 통해 어려운 질문에도 당황하지 않도록 준비한다. 그렇게 보고 준비가 끝나면 여섯 장짜리 문서를 들고 회의실로 들어간다.

다음은 6페이저의 대략적인 포맷을 보여주는 글로, 앞서 예시에 나온 A 전자의 제품 출시 결과에 대해 간략하게 설명을 적어놓은 것이다.

📄 6 페이저는 이렇게 씁니다

1. **개요:** 신제품 애니웨어를 3월 28일에 출시했지만 서버 다운으로 예상 대비 판매 물량 12퍼센트 감소.
2. **재무 요약:** A 전자 헤어드라이기 부문 2022년 2분기 총 $1.23B 의 매출 발생(작년 대비 성장률 +45퍼센트, 목표 대비 -6퍼센트).
3. **잘한 점:** 일정에 맞춰 신제품 애니웨어 출시 완료. 제품 출시 온라인 이벤트 20만 명 관람.

4. 아쉬운 점: 서버가 다운되어 예상 대비 판매 물량 12퍼센트 감소. 접속 인원을 사전에 대비하지 못함.

5. 부서별 업데이트: 3월 28일 신제품 애니웨어를 출시 완료했다. 제품 출시 이벤트는 온라인으로 진행되었고 20만 명의 사람들이 관람했다(+234퍼센트 vs. 작년 신제품 출시 이벤트 관람 수). 이벤트 직후 온라인으로 애니웨어를 판매하기 시작했지만 접속 인원 폭주로 서버가 마비되었다. 실제 접속한 인원은 15만 명인 데 비해 당시 서버는 약 5만 명을 감당할 수 있는 수준이었다. 5만 명이라는 수치는 작년 신제품 출시 때 접속한 인원보다 30퍼센트 증가한 수준이지만 예상 이상의 반응으로 대응에 실패했다.

그 결과 예상 대비 출고 판매량은 12퍼센트 감소했다(실제 매출 $125MM vs. 예상 매출 $142MM). 추후 이를 방지하기 위해 AWS(Amazon Web Services)의 클라우드 시스템을 도입할 예정이다. 목표를 맞추기 위해서는 추가적인 온라인 할인 이벤트와 홈쇼핑 판매를 동시에 진행할 예정이다(완료 예상일: 5월 25일).

6. 자주 묻는 질문: 왜 사내 서버 증축을 하지 않고 AWS 클라우드를 도입하는가?

그 이유는 AWS 클라우드를 도입하는 게 비용 면에서 더 효율적이라는 결론이 났기 때문이다. 지난 5년 동안 A 전자의 사내 서버가 마비된 적은 한 번도 없었다. 즉 사내 서버에 결함이 있는 것은 아니다. 하지만 최근 무선 헤어드라이기에 대한 관심이 높아지면서 평소 대비 많은 인원이 사이트에 접속했고 이것이 원인이 되어 서버가 다운되었다.

아무리 사내 서버 증축을 하더라도 예상 외 인원이 접속한다면 같은 문제가 발생할 수 있기 때문에 AWS 클라우드 시스템을 접목시키는 것이 더 효율적이라는 결론이 났다. 예를 들어 15만 명을 감당할 수 있는 서버 수준을 구축하는 것보다 클라우드를 사용할 경우 비용의 약 75퍼센트 정도를 절감할 수 있다.

출시 이벤트와 같이 많은 사람이 사이트에 접속하는 일은 1년에 두세 번밖에 되지 않는다. AWS는 실제 접속한 인원에 대한 서버 사용료만 내면 되기 때문에 그만큼 비용 절감이 가능하다.

7. **부록:** 스크린 숏(출시 행사 온라인 이벤트 장면), 도표(15만 명을 수용할 수 있는 서버 구축 시 발생하는 비용 vs. AWS 클라우드를 사용할 때 예상되는 비용).

1페이저로 협업이 쉬워진다

분기 보고와 같이 규모가 큰 회의도 있지만 대부분 회의는 보다 적은 인원으로 진행된다. 그럴 경우는 6페이저가 아닌 짧은 1페이저(1-Pager, 한 장짜리 글)를 사용한다.

1페이저는 아마존에서 사용하는 기본 회의 자료 양식으로 일상적인 보고를 할 때 쓰인다. 이 자료는 비교적 작은 회의에서 사용되기 때문에 6페이저보다 포맷이 더 자유롭다. 작성자는 회의의 목적과 참석자들과의 관계를 고려해 가장 효율적인 포맷을 사용하면 된다.

예를 들어 데이터를 바탕으로 프로젝트 의사결정을 해야 한다고 가정해보자. 회의 참석자들이 프로젝트 진행 상황을 잘 인지하고 매일같이 대화를 나누는 사이라면 자세한 설명을 적기보다 데이터가 가득한 엑셀 파일을 출력하는 게 좋다.

회의가 시작되면 구두로 회의의 목적을 설명하고 글을 나눠 준다. 참석자들이 프로젝트 진행 상황을 잘 파악하고 있기 때문에 굳이 추가 설명을 할 필요는 없다. 정해진 시간이 흐르고 참석자들이 어느 정도 데이터를 파악했다면 그들의 의견을 물으며 회의를 진행한다.

반대로 프로젝트에 대해 정보가 부족한 팀장과 회의를 한다면 1페이저를 어떻게 작성할지 고민해볼 필요가 있다. 예를 들어 프로젝트를 진행하다가 두 가지 개발 방식 중 한 가지만 결정해야 한다고 가정해보자. 이 경우 먼저 글에 회의의 목적과 프로젝트에 대한 설명을 적는다. 그리고 중간에는 두 가지 개발 방식에 대한 각각의 설명과 장단점을 적는다. 마지막 문단에는 실무자가 추천하는 방식이 무엇인지 이유와 함께 적는다. 이렇게 프로젝트 설명이 정리된 글이라면 팀장은 현재 상황을 쉽게 파악할 수 있고 실무자 의견을 바탕으로 결정을 내릴 수 있다.

단 한 장이라도 글을 쓰는 이유

누군가는 이런 글을 작성하는 데 들이는 시간이 정말 생산적인 것인지 질문할 수 있다. 한 장에 담길 분량이라면 구두로도 충분히 설명할 수 있다. 그런데 그 정도의 정보를 굳이 글로 적어야 할까. 나도 글 쓰는 게 익숙하지 않았을 당시 한 장짜리를 적는데도 상당한 시간이 걸렸다. 같은 글을 썼다 지우기를 반복했고 참고할 만한 글이 있지 않을까 예전 파일들을 뒤져보기도 했다. 회의 중 잘 정리된 글을 읽으면 끝나고 따로 챙겨 가져와서 여러 번 읽으며 어떤 점을 배울 수 있을까 고민했다.

그런 과정들을 통해 점차 글을 작성하는 시간이 줄어들었다. 필요에 따라 회의 시작 몇 시간 전에도 한 장의 서류를 금방 써낼 수 있었다. 그만큼 글쓰기에 익숙해지자 쓰는 것에 대한 스트레스가 사라졌다. 동시에 작은 회의에서도 글을 사용함으로써 얻는 장점이 보였다. 일단은 그냥 대화하는 것보다 훨씬 더 쉽게 사람들의 이목을 집중시킬 수 있다.

아마존 회의는 대부분 화상으로 진행된다. 다른 나라에서 근무하는 직원들과 일하는 경우가 많아서 코로나19가 시작되기 이전에도 비대면 회의가 더 많았다. 그런데 화상회의는 대면 회의보다 사람들의 집중력이 떨어지기 쉽다. 특히 참석 인원이 많은 경우는 더 그렇다.

보통 15명 정도만 돼도 큰 회의로 간주하지만 최대 30~40명까지 모이는 회의도 있다. 이렇게 몇십 명이 모이는 회의에서 잠깐 다른 데 정신이 팔려 중요한 순간을 놓치면 대화의 흐름을 따라가지 못한다. 매번 설명을 다시 해달라고 부탁할 수 없기 때문에 흐름을 놓친 사람은 결국 회의에 참석하지 않은 것과 다르지 않다. 그런 면에서 글은 모두에게 정확한 내용을 전달한다. 잠시 집중하지 못하더라도 누구나 글로 돌아가 정독하고 다시 대화에 참여할 수 있다.

 1 페이저는 이렇게 씁니다

A 전자 서버 증축 프로젝트 제시안

- **목적:** 이 문서의 목적은 다음 배경 항목에 설명된 서버 문제를 추후 방지하기 위한 해결책을 선택하는 것이다. 독자는 아래 제시된 두 가지 옵션 중 자신이 선호하는 방안을 선택

하기 바란다.

- **배경:** 3월 28일 신제품 애니웨어 무선 헤어드라이기를 출시하는 과정에서 고객들이 예상 인원을 초과해 사이트에 접속해서 서버가 다운되는 상황이 발생했다(15만 명 접속 vs. 5만 명 수용 가능 인원). 이로 인해 고객들은 세 시간 동안 제품을 구매할 수 없었고 그 결과 예상 대비 12퍼센트 낮은 매출을 기록했다.
- **제시안 1:** AWS 클라우드 도입.
  - 장점: 비용 절감(75퍼센트 절감 예상). 서버를 사용하는 만큼만 비용이 발생한다. 더 많은 인원이 접속하더라도 서버가 마비될 가능성은 없음.
  - 단점: 타 회사의 서버를 사용함으로써 문제가 발생했을 경우 내부에서 해결 불가능.
- **제시안 2:** 사내 서버 증축
  - 장점: 서버를 직접 관리 감독할 수 있음.
  - 단점: 비용 증가 및 추가된 서버보다 더 많은 인원이 접속할 경우 서버가 마비될 가능성 있음.
- **추천:** 제시안 1을 추천함.
  클라우드를 사용함으로써 비용을 효과적으로 절감할 수 있을 뿐만 아니라 추후 더 많은 인원이 접속하더라도 바로 대응할 수 있는 능력이 갖춰짐.

03 일의 언어는 누구나 이해할 수 있어야 한다

아마존의 페이퍼 작성 원칙

아마존에서 일하며 정말로 많은 글을 읽고 썼다. '내가 이걸 어떻게 썼지?'라는 생각이 들 정도로 감탄한 글도 있었고 내가 썼지만 읽기 부끄러운 수준의 글도 있었다. 그동안 많은 사람에게 글쓰기에 대한 피드백을 꾸준히 받았고 나 역시 주변 동료들의 글에 피드백을 주기도 했다. 그런 과정을 반복하다 보니 아마존에서 잘 쓴 글이란 무엇인지 고민하게 되었고, 그런 글들에서 보이는 공식 비슷한 것을 알게 되었다.

좋은 글이란 무엇일까? 한마디로 말하면, 좋은 글은 '우리 할머니도 이해할 수 있는 글'이다. 이 문구는 글을 쓸 때마다 곱씹어보는 말이다. 그러니까 비전공자여도, 심지어 회사와 아무런 상관없는 사람도 쉽게 읽을 수 있어야 한다는 의미다. 문학 작품이나 기사문이 아니라 업무상 필요해서 쓴 글이지만 누구나 쉽게 내용을 이해할 수 있어야 한다.

사실 회사에서 다루는 복잡한 내용을 누구나 읽기 쉽게 풀어쓴다는 것은 꽤나 고통스러운 작업이다. 문제들이 복잡하게 얽혀 있어 한 부분을 설명하려면 추가 설명도 같이 써줘야 한다. 그래서 처음 글을 쓰다 보면 자연스럽게 길어지고 복잡해진다. 그렇기 때문에 일단은 쓰고 나서 고치는 것이 낫다. 오랜 시간이 걸려도 처음에는 하나씩 고치면서 쉬운 글로 바꿔나가는 것이 좋은 글을 쓰는 첫 번째 단계다.

[아마존의 페이퍼 작성 원칙]

☑ 누구나 알고 뜻이 정확한 어휘를 사용하라

☑ 격식 있는 글보다는 짧고 간결한 글을 써라

☑ 두괄식으로 써서 목적과 결론을 분명하게 드러내라

☑ 수치와 고객 일화를 적절하게 곁들여라

☑ 단어 하나를 쓸 때도 의미에 집중해 오래 고민하라

어려운 단어는 빼고,
누구나 아는 어휘를 쓴다

회의 자료에 어려운 단어는 절대로 쓰지 말아야 한다. 전문 용어를 남발하거나 소수가 아는 업계 용어를 쓴 글은 결코 좋은 글이 아니다. 예를 들어 잘못된 주장임을 설명할 때 군이 'fallacious argument'라는 단어를 사용하기보다 누구나 알아들을 수 있는 'false argument'라는 단어를 쓰는 게 적절하다. 둘 다 '잘못된'이라는 뜻을 갖고 있지만 읽는 사람들 중 fallacious의 뜻을 모른다면 글을 읽으면서 헤맬 수 있다. 내가 쓰는 글은 회사에서 다양한 사람들에게 읽히는 글임을 잊지 말아야 한다.

아마존에서 첫 프로젝트를 진행할 때 개발팀을 위한 글을 써야 했던 적이 있었다. 처음 써보는 형식의 글이라 어떤 식으로 써야 할지 감이 오지 않았다. 그래서 벤치마킹이라도 하려고 다른 부서의 글을 찾아 읽어봤다.

흥미로웠던 것은 실제로 성공적이었던 프로젝트의 글들은 매우 쉽게 읽히는 반면, 그렇지 않았던 프로젝트의 글은 꽤나 오랜 시간 동안 읽었지만 전체적으로 이해할 수 없었다는 점이다. 마치 본인의 글솜씨를 뽐내고 싶다는 느낌을 받을 정도로 복잡한 문법 구조들이 난무했고 분명 쉽게 표현할 수 있음에도 굳이 어려운 단어들을 써가며 지식을 자랑하고 있었다. 만약 이 글을 들고 회의를 했다면 과연 참석자들이 제대로 이해는 했을까 하는 생각이 들었다.

회사에서 사용하는 글에는 누구나 알 수 있는 단어를 쓰되 내용에 맞는, 가장 적절한 단어를 쓰는 게 중요하다. 단어 하나로 상대방은 내용을 다르게 해석할 수 있기 때문에 가장 정확한 뜻의 쉬운 단어를 선택하기 위해 노력해야 한다.

문장은 짧게 치는 게 좋다

문장은 짧게 써야 한다. 긴 문장들이 빼곡히 적힌 글은 중도에 의미를 놓치고 여러 번 읽게 된다. 긴 문장이 들어가 있다면 짧게 나누고 문장들을 자연스럽게 연결하라.

예전에 타 부서와의 회의에서 정말 어려운 글을 접한 적이 있었다. 데이터를 기반으로 한 콘텐츠가 풍부한 글이었지만 필요 이상으로 어려운 단어들이나 복잡한 문법 구조가 많았다.

아니나 다를까, 회의가 시작되자 개발자들은 자신이 제대로 이해했는지 확인하고자 수차례 질문을 하기 시작했다. 아무래도 확실한 소통이 되지 않는다면 전혀 다른 결과물이 만들어질 것을 잘 알았기 때문에 개발자들은 몇 번이나 확인 질문을 던졌다. 결국 그 글을 작성한 이는 본인이 쓴 내용을 처음부터 다시 한번 설명해야 했고 정작 다루고 싶었던 회의 주제는 다음 시간으로 미뤄야 했다.

격식을 차리지 않는다고 해서 나쁜 글이 되는 건 아니다. 영어를 배울 때 보통 격식 있는 글(Formal writing)과 그렇지 않은 글(Informal writing)을 배우게 된다. 특히 사회생활을 하면 격식을 갖춘 글을 사용해야 한다고 배운다.

격식 있는 글은 예의 바르지만 조심스럽고 간접적이다. 우회적으로 질문을 던지기 때문에 글이 길어진다. 또한 글을 쓸 때도 본인의 글에 예의를 갖추지 않은 부분이 없는지 확인하느라 정작 전달하고자 하는 내용보다 부수적인 부분에서 더 오랜 시간을 들일 수 있다.

그러나 아마존의 글은 간결하고 직접적이다. 불필요한 설명들은 걷어내고 핵심만 전한다. 정중한 글이 나쁘다는 것은 아니다. 하지만 글을 쓰는 이유에 집중한다면 격식보단 내용이 우선시되어야 하지 않을까.

무조건 두괄식! 결론부터 쓴다

좋은 글은 목적과 결론이 분명하다. 그래서 글을 들여다보기만 해도 목적과 결론을 알 수 있도록 글을 구성하는 것이 중요하다. 대개 좋은 글은 글의 시작에 그 글을 읽는 이유나 회의의 목적이 명시된다.

여기서 목적이란 회의 주최자가 참석자들로부터 얻고자 하는 내용이다. 회의 목적이 의사결정에 대한 피드백을 받기 위함일 수도 있고, 새로운 프로젝트를 시작하기 전 팀장의 승인을 받기 위함일 수도 있다. 목적이 글의 처음에 명시되면 회의 참석자들 역시 주최자가 무엇을 기대하는지 알 수 있다.

좋은 글은 항상 결론부터 말한다. 회사에서 작성하는 글은 소설이 아니다. 발단, 전개, 위기, 절정, 결말과 같은 구성 단계는 필요하지 않다. 본인이 전달하고 싶은 내용의 결론부터 말하라. 추가 설명은 결론이 나온 다음에 써도 된다.

입사하고 얼마 되지 않아 담당 제품의 FAQ를 적을 일이 있었다. 그때 처음 받은 피드백은 'Answer first', 즉 답부터 적으라는 것이었다. 어려운 질문일수록 사람들은 답에 대한 설명을 먼저 늘어놓는다. 답부터 말했을 경우 상대방이 이해하지 못할 것 같아 설명을 하는 것인데 오히려 상대방은 듣다가 흥미를 잃을 수 있다. 답부터, 결론부터 말하라. 그래야 상대방의 이목을 집중시킬 수 있다.

데이터와 일화를 적절하게 곁들인다

좋은 글에는 수치와 고객 일화(anecdote)가 빠지지 않는다. 아마존은 데이터 회사다. 수많은 정보를 바탕으로 결정을 내린다. 직원의 경험과 직감도 중요하지만 데이터를 가장 신뢰한다. 아마존에는 정말 많은 데이터가 존재한다. 그러나 이 많은 정보를 어떻게 사용하느냐는 개인의 능력에 달려 있다. 무조건 많은 정보를 넣기보다 내용을 확실히 밑받침해줄 핵심 데이터만을 효율적으로 사용해야 한다.

또한 앞서도 말했지만 아마존은 고객에 집착하는 회사다. 아마조니언은 항상 고객의 소리에 귀 기울인다. 일화는 고객이 자신의 경험이나 생각에 대해 자유롭게 피드백한 것이다. 물론 한 개인의 소리이다 보니 다수의 의견을 반영하지 않는다. 하지만 일화에는 데이터에 없는 다양성과 깊이가 존재한다. 그렇기에 글을 쓸 때는 주장이나 결론 같은 핵심 내용뿐만 아니라 다수의 고객을 대변하는 데이터와 각 고객의 생각을 깊이 있게 반영하는 일화를 넣는 것이 좋다.

아마조니언은 일화를 읽는 걸 좋아한다. 신제품을 출시하면 내부에서 출시 관련 글이 첨부된 메일을 공유하는데 여기에서도 고객의 소리가 빠지지 않는다. 제품 출시 전후로 바뀐 고객의 소리도 적고, 때론 제품을 출시했는데 아직 만족하지 못한 점도 스스럼없이 공유한다. 그런 내용들이 회의에서 공유되면 임원들을 포함한 동료들은 "고객의 소리를 읽어보니 이 제품 출시가 얼마나 중요했는지 알 수 있겠어"라며 축하해준다.

고객들은 솔직하다. 그들이 느낀 좋고 나쁜 경험들을 서슴없이 공유한다. 누구나 본인이 담당하는 제품이나 서비스에 대해 불평하는 이야기를 듣고 싶지 않을 것이다. 하지만 고객들에게 최상의 경험을 제공하려면 그들에게서 배울 점을 찾아야 한다. 그렇기 때문에 자료를 만들 때도 필요에 따라 고객들의 소리를 적절하게 활용한다.

예를 들어 마켓플레이스 셀러들을 위한 새로운 제품을 성공적으로 출시했다고 해보자. 그럴 경우 셀러들은 "드디어 우리가 바라던 제품을 내줬군. 새로운 서비스 덕분에 업무 효율이 30퍼센트나 증가했어", "아마존도 우리의 소리를 듣고 있었어. 새로운 신규 서비스 덕분에 우리는 판매에만 집중할 수 있게 됐어" 같은 목소리를 낼 것이다. 이런 구체적인 피드백은 왜 이 제품이 가치 있고 중요한지 다시 한번 확인시켜 준다.

반대로 불평의 소리들은 왜 아마존이 해당 부분에 투자를 해야 하는지 알려준다. 예전에 다음과 같은 이야기를 셀러에게서 들은 적이 있었다. "신규 서비스가 좋은 것은 잘 알겠습니다. 하지만 우리는 벌써 많은 금액을 투자해서 사내 프로그램을 구축했어요. 아마존의 서비스와 우리 사내 프로그램을 접목시킬 방안은 없을까요?"

이 이야기를 바탕으로 리서치한 결과 생각보다 많은 셀러들이 비슷한 상황에 놓인다는 사실을 알게 되었다. 그래서 이런 셀러들과 그들의 영향력을 수치화하여 자료에 포함시켰고, 결국 좋은 비즈니스 사례로 인정받아 개발 펀딩까지 받아낼 수 있었다. 이렇게 고객의 목소리, 일화에서 새로운 가능성이 탄생하기도 한다.

─────

단어 하나를 쓰더라도 수없이 고민하라

예전에 근무했던 기업에서 프로젝트 진행 사항을 잘 정리한 파워포인트 자료를 팀장에게 보낸 적이 있었다. 그런데 팀장은 핵심 내용보다는 폰트 크기, 여백 같은 디자인에 대한 피드백을 잔뜩 보냈다. 결국 그 팀장의 입맛에 맞는 파워포인트 디자인을 완성하는 데 대부분의 시간을 할애했고 내용은 변한 게 없었다. 파워포인트를 사용하는 직장인이라면 이와 같은 경험을 한 번쯤 해봤을 것이다. 그러면서 이런 생각도 들었을 것이다. '디자인이 그렇게 중요할까? 내용만 정확히 적으면 되지 않을까?'

사실 나도 디자인에 대해서는 더 깊이 생각해보지 않았기에 어떤 게 옳은지는 아직도 잘 모른다. 다만 회의 자료를 쓰다 보면 비슷한 뜻을 지닌 단어 중 어떤 것을 써야 할지 고민에 빠지는 경우가 있다. 오랜 시간을 고민하며 두 단어를 썼다 지우다 한다. 과연 어떤 단어를 쓰는 게 중요할까. 아마존에 입사하기 전에는 그저 사람들에게 전달하고 싶은 내용만 잘 적으면 되는 게 아니냐고 생각했다.

그렇게 궁금증을 갖고 있다가 언젠가 한번 아마존의 동료와 함께 이 주제에 대해 깊이 토론한 적이 있었다. 때론 우리가 필요 이상으로 글의 완성도에 집착하는 게 아닐까, 그 시간을 다른 업무를 하는 데 쓰거나 새로운 아이디어를 내는 데 쓰면 더 효율적이지 않을까 이야기하며 그간의 고민을 나누었다.

한동안 이어졌던 토론의 결론은 간단했다. 우리는 결국 글의 완성도에 끊임없이 집착해야 한다는 것이었다. 올바른 단어를 사용하지 않을 경우 상대방을 이해시키지 못할 수도 있고, 결국 회의실에서 불필요한 설명을 하는 데 많은 시간을 들이게 된다는 게 이유였다.

예를 들어 '어떤 문제를 해결했다'라는 상황을 설명할 때 자주 사용되는 단어는 address와 solve가 있다. 많은 사람이 생각보다 자유롭게 이 단어를 바꿔가며 사용하고, 실제 읽는 사람들도 큰 차이를 못 느낄 수 있다.

하지만 단어의 의미에 집중해보면 문제가 해결되는 과정 중 시점이 다르다는 미세한 차이를 알 수 있다. address라는 단어는 문제를 풀기 시작하는 단계에서 주로 사용되지만 solve라는 단어는 문제가 해결된 후를 설명할 때 사용된다. 어떤 단어를 사용하느냐에 따라 현재 문제 해결 상태가 어디까지 왔는지 사람들은 다르게 해석할 수 있는 것이다.

특히 임원들처럼 자주 피드백을 받지 못하는 이들이 참석하는 회의의 경우 단어에 더 신경 써야 한다. 그들의 인사이트를 얻기 위해 회의를 하는 것인데 글의 완성도가 낮아 불필요한 질문에 답하느라 시간을 많이 잡아먹는다면 그야말로 비효율적인 회의이기 때문이다.

제프 베조스는 왜 글을 강조했을까?

물론 아마존에서 글 쓰는 실력이 채용의 기준이 되지는 않는다. 아무래도 글을 쓰는 문화가 있다 보니 주변 사람들로부터 글을 잘 써야 회사에 들어갈 수 있느냐는 질문을 받는다. 하지만 특정 포지션을 제외한 대부분의 채용 과정에서 따로 글쓰기 능력을 보지는 않는다. 사실은 글을 잘 써서 아마존에 들어가는 것이 아니라 아마존에서 글을 쓰는 방법을 배운다. 누구나 입사 전 글을 쓰는 능력과 상관없이 아마존 방식으로 글을 쓰는 방법을 배워간다.

앞서 언급한 것과 같이 쉬운 단어들을 사용하고 문장들을 짧게 정리하며 직접적인 글을 쓰다 보면 마치 글쓰기를 새로 배우는 느낌이다. 글을 잘 쓴다는 것은 분명 회사 생활에 큰 도움이 된다. 아마존에서 좋은 글을 쓰면 본인의 능력을 크게 어필할 수 있고 다른 회사로 치면 발표를 잘하는 사람과 같은 인정을 받는다. 특히 직급이 올라갈수록 글 쓰는 능력은 더 중요해지는데, 아무래도 보다 많은 내용을 잘 요약해서 정리하는 실력이 필요해지기 때문이다. 글 쓰는 실력은 아마존에서 매우 중요한 부분이다. 하지만 분명하고 간결하게 자신의 생각을 정리하는 능력은 어느 곳에서 일하든 중요한 평가 기준이 된다.

모든 아마조니언이 글을 작성하는 것과 같이 아마존 창업자인 제프 베조스 역시 매해 그가 쓴 주주서한(Shareholder's letter)을 공개한다. 주주서한이란 말 그대로 '회사의 주식을 갖고 있는 사람들에게 보내는 편지'다. 이 글에는 아마존이 어떤 한 해를 보냈고 앞으로의 아마존은 어떤 모습일지에 대한 베조스의 생각이 고스란히 담겨 있다.

전설적인 1997년의 주주서한

그중에서도 1997년에 쓴 주주서한은 아직까지도 많은 사람에게 회자되고 있다. 당시 아마존은 무서운 성장세를 보여주고 있었지만 베조스는 '이제 우리는 데이원(Day 1)이다'라고 언급했다. 온라인 커머스 시장에는 막대한 기회가 존재하므로 큰 투자와 빠른 실행력이 동반되어야 할 것이라며 주주들에게 아마존의 장기적 경영 방식과 의사결정 과정을 설명했다.

이는 지금의 아마존이 있기까지 가장 중요한 뼈대 역할을 한 데이원 문화와 리더십 원칙의 기초가 됐다. 특히 그는 고객에게 집착하고, 실패를 두려워하지 않으며, 린(lean) 문화와 저비용을 지향하는 문화를 만들고, 미래를 바라보고 공격적인 투자를 할 것이라고 했다.

흥미롭게도 이 주주서한은 베조스의 새로운 주주서한에 매년 등장한다. 주주서한의 마지막은 "항상 그랬듯이 1997년 주주서한을 첨부한다. 우리의 접근 방식은 동일하다. 그리고 아직 데이원이다"라는 문장으로 끝이 난다.

베조스의 글쓰기 방식은 리더가 가져야 할 일관성을 잘 나타낸다고 생각한다. 과거와는 다른 모습을 보여주기 위해 일부러 다른 비전이나 방향을 제시하는 리더들이 있다. 심지어 과거의 것이 옳은 방향임을 알고 있음에도 말이다. 그에 비하면 베조스는 처음부터 아마존이 나아가야 할 올바른 방향을 제시했고, 이를 유지하기 위해 모든 직원과 주주들을 매해 설득하는 역할을 했다. 그런 비전을 제시할 수 있는 리더가 있었기에 지금의 아마존이 존재하는 게 아닐까.

마지막으로 쓴 주주서한의 글

최근 CEO로서는 마지막으로 제프 베조스의 주주서한이 공개되었다. 직원이자 회사의 주주들이기도 한 아마조니언들은 그의 글이 공개되자 큰 관심을 보이며 읽었다. 아마존의 정신적 지주라고 할 수 있는 제프 베조스의 마지막 주주서한이라는 점에 있어서 나 역시 그가 어떤 글을 적었을지에 대한 궁금증이 생겼다.

그의 주주서한을 읽다 보면 '아마존에서 생각하는 좋은 글이란 읽기 쉬운 글이다'라는 말이 무엇인지 이해가 갈 것이다. 보통 주주서한을 생각하면 복잡하고 어려운 단어와 문장들이 있을 것이라고 생각할 수 있다. 그러나 그의 글은 분명하고 간결하며 마치 소설을 읽는 듯 쉽게 읽힌다.

이번 주주서한은 그가 받았던 편지 한 장에서 시작된다. 1997년 아들의 생일 선물로 아마존 주식을 구매한 한 가족이 회사의 성장을 함께 지켜봐왔다는 내용이다. 가족들끼리 모였을 때 아마존 주식에 대한 이야기로 즐겁게 대화를 나눴으며, 자식이 집을 사기 위해 주식을 현금화하게 되었다며 베조스에게 감사함을 표한 편지였다. 또한 추신 부분에는 '주식을 더 샀으면 좋았을걸'이라며 아쉬워하는 듯한 위트도 있었다. 이 편지를 소개하며 베조스는 아마존을 최고의 고용주, 일하기 가장 안전한 회사로 만들 것이라는 포문과 기후 계획(Climate Pledge) 공약을 발표한 부분에 대해 강조했다.

마지막으로 그는 리처드 도킨스의 책《눈먼 시계공》의 일부를 인용하며 '생존을 위해서는 변화를 멈춰서는 안 된다. 우주는 당신을 평범하게 만들려고 한다'고 말했다. 개인적으로 가장 인상적이었던 부분이었는데 평소 그가 아마조니언들에게 변화를 두려워하지 말라고 이야기했던 점이 잘 드러난 부분이다. 세상은

'너 자신이 되라(Be yourself)'라고 말한다. 하지만 정작 나다운 삶을 살기 위해서는 끊임없는 노력과 에너지 소모가 필요하다는 걸 흔히들 간과한다.

베조스는 변화를 두려워하지 않고 평범하지 않은 삶을 사는 것은 그 자체로 충분한 가치가 있다며, 자신뿐만 아니라 아마존 역시 평범해지지 않기 위해 노력해야 한다고 설명했다. 그리고 마지막으로 항상 그랬듯이 그가 처음 작성한 1997년 주주서한을 첨부하며 글을 마쳤다.

그동안 나는 '당신의 비전이 무엇이냐'라는 질문을 많이 받았다. 비전이란 '눈을 감고 미래에 대한 전망을 내놓는 것'이라고 어디선가 들었다. 예상하기 어려운 미래에서 본인이 믿고 있는 올바른 전망을 찾는 것이다. 그러나 솔직히 지금껏 이 정의에 대해 쉽게 이해도, 공감도 가지 않았다. 그런데 제프 베조스의 주주서한과 아마존 동료들의 글을 읽으며 회사의 비전이란 무엇인지 조금이나마 이해하게 되었다.

어려서부터 회사란 이윤을 추구하기 위해 존재한다고 배웠다. 하지만 그게 비전이 될 수는 없다. 그보다 회사가 존재하는 이유는 무엇이고 어떤 가치를 창출할 것인지 방향성을 보여주는 게 비전이라고 생각한다. 아마존의 성장에는 '고객에게 집착하는 회사가 된다'는 뚜렷한 방향성이 존재했고 이것이 지난 몇십 년 동안 유지되면서 고객들에게 좋은 가치를 제공하는 세계적 기업으로 성장했다.

아마존이 정말 어떤 일을 하고 어떤 마음가짐으로 일을 하는지 궁금한 사람이라면 제프 베조스가 작성한 주주서한을 읽어보는 것을 추천한다. 그 글이야말로 아마존이 추구하는 비전, 아마존의 글쓰기를 가장 잘 나타내고 있기 때문이다.

04 극강의 효율을 만드는 아마존식 솔루션

아마존이 이미지가 아닌 글을 선택한 이유

우리의 토론은 종종 산으로 간다

글은 사람들이 회의의 목적에 충실하도록 돕는다(78쪽 '아마존 리더십 원칙 02 결과를 내라'를 보라). 아마존 회의에서 침묵 시간이 끝나고 회의가 시작되면 참석자들은 자신의 의견을 자유롭게 공유한다. 당연하고 자연스러워 보이는 이 방식에는 아주 큰 장점이 있다.

바로 '글의 순서대로 회의를 진행한다'는 것이다. 누군가 원하는 부분에서 시작하는 것이 아닌 글의 첫 장부터 시작해서 순서대로 진행한다. 해당 페이지에 더 이상 피드백이나 질문이 없을 경우 다음 페이지로 넘어가기 때문에 하고 싶은 질문이 있는 사람들은 차분히 순서를 기다린다.

글은 회의의 방향키가 된다

이런 회의 방식은 회의의 틀을 굳건히 잡아주어 대화가 산으로 가는 것을 방지한다. 누구나 회의를 하면서 목적과 상관없는 방향으로 진행된 적이 한 번쯤은 있었을 것이다. 팀장이 불쑥 던진 질문이 꼬리에 꼬리를 물어 결국 결론을 내지 못하거나, 타 부서와의 이견으로 토론이 길어지다 의제를 전부 논의하지 못한 채 마무리되기도 한다. 이런 문제가 발생하는 가장 큰 원인은 참석자들에게 회의의 목적이 확실하게 전달되지 않았기 때문이다. 또 회의 중에 목적이 상기되지 않았기 때문이다. 덕분에 열심히 의견을 주고받았음에도 불구하고 회의는 산으로 가고 만다.

　따라서 이 문제는 글로 방지할 수 있다. 먼저 글 도입부에 목적이 분명하게 제시돼 있다면 참석자들은 왜 자신이 이 자리에 앉아 있는지 알 수 있다. 그리고 회의 주최자는 회의를 진행하며 글을 확인해서 남은 분량을 알 수 있다. 주제에 벗어난 대화가 지속될 경우 주최자는 흐름을 바로잡아 사람들을 회의의 목적에 집중하게 할 수 있다.

화려한 말발로
어물쩍 지나갈 수 없다

글은 회의에 참석한 사람들 모두가 문제의 본질에 접근하도록 도와준다. 만일 파워포인트를 사용한다면 발표자는 회의 중 무엇을 중심적으로 다룰지에 대한 권한을 갖게 된다. 이때 말솜씨가 좋은 사람은 어려운 질문이나 피하고 싶은 주제는 두루뭉술하게 포장해 넘어가기도 한다. 발표자가 시간과 내용의 흐름을 결정할 수 있는 것이다.

이는 듣는 사람들에게는 불리한 조건이다. 때론 논리가 조금 부족하더라도 듣는 사람은 이상함을 못 느낄 수도 있다. 발표자가 휘황찬란한 그래프나 애니메이션으로 중요한 부분을 감출 수도 있고, 자기만 답을 알고 있는 주제들 위주로 발표를 이끌어갈 수도 있다.

하지만 글 앞에서는 모두가 동등하다. 글이라는 매개체를 통해 모두 같은 위치에서 동등한 시간을 갖고 정보를 얻는다. 만일 글이 논리적이지 않다면 사람들은 금방 부족한 부분을 파악하고 질문할 수 있다. 이는 작성자 역시 글을 쓰면서 느낀다. 어떤 결정에 대해 설명하기 위해서는 어떤 데이터가 사용되었는지도 써야 하고, 수많은 데이터 중 이 데이터를 선택한 이유 역시 생각하게 된다. 이렇듯 글을 쓰면 회의 중 다루고 싶은 주제와 문제의 본질을 담기 위해 솔직히 접근하는 정공법을 선택할 수밖에 없다.

글은 쓰는 사람, 읽는 사람 모두를 발전시킨다

글은 작성자가 부족한 부분을 보완하도록 돕는다. 글을 쓰다 보면 자신의 아이디어가 얼마나 논리적인지 고민하게 된다. 몇 번씩 고치는 문장들을 보면서 더 부족한 설명은 없는지 확인한다. 그런 과정 속에서 글의 완성도는 높아지고, 작성자는 자신의 아이디어에 더 큰 확신을 얻는다. 글은 결코 한 번에 완성되지 않는다. 사람들의 끊임없는 피드백을 받아 개선하기 때문에 아이디어 역시 글과 함께 발전한다.

그러면 글의 완성도를 위한 피드백은 어떻게 받을까? 사람마다 피드백을 받는 정도는 다르지만 중요한 글이라면 적어도 한 번 이상의 피드백을 받아야 한다. 먼저 완성된 글을 메일로 공유하며 며칠까지 피드백을 줄 수 있는지 확인한다. 아무래도 서로 바쁜 것을 잘 알고 있다 보니 정말 급한 경우가 아니라면 일주일 정도의 시간을 준다.

새로운 제품을 위한 PR FAQ 같은 글은 더 많은 사람의 피드백을 받는다. 직속 팀장뿐만 아니라 개발팀, 세일즈팀, 마케팅팀, UX팀 등 다양한 유관 부서와 글을 공유해서 혹시 놓치고 있는 부분이 없는지 피드백을 받는다.

이렇게 피드백을 받으며 글을 써나가는 과정은 발표를 준비하는 것보다 더 어렵고 괴로울 수 있다. 발표를 준비한다는 것은 이미 정해진 내용을 어떻게 전달할 것인지 연습하는 일이다. 그렇기에 정해진 내용 외 다른 부분에 대해 다시 돌이켜볼 일이 적다. 그에 비해 글의 경우는 좀 더 포괄적인 내용을 담는다. 글의 흐름에 이상한 점은 없는지 보게 되고, 주장에 대한 근거의 타당성을 생각하게 된다.

덕분에 글을 쓰다 보면 예상 가능한 질문과 답들이 자연스럽게

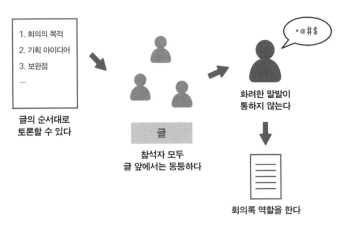

아마존이 글을 선택한 네 가지 이유

모인다. 그리고 이를 확실히 숙지하면 회의실에서 누구보다 빛날 수 있다. 물론 이와는 반대로 글을 쓰다 보면 자기가 낸 아이디어의 문제점도 보인다. 전에는 보이지 않던 작은 구멍이 보이고 본인의 주장이 얼마나 터무니없는 것인지를 깨닫기도 한다. 이 경우 굳이 프로젝트를 밀어붙이기보다는 나중에 보완하기로 하거나 과감하게 포기하기도 한다.

따로 회의록이 없어도 기록이 남는다

글은 기록이다. 말로만 하는 회의는 기록이 남지 않는다. 회의록 작성은 매우 중요한 업무지만 종종 생략되는 경우가 있다. 회의 중 다룬 내용들은 언젠가 꼭 필요한 시기가 있음에도 말이다.

그런데 기록이 없다면 마치 회의를 하지 않은 것과도 같다. 생각보다 우리는 자주, 같거나 비슷한 주제로 회의를 하곤 한다. 과거 기록이 없거나 공유되지 않아 사람들은 인지하지 못하지만 전과 똑같은 회의를 하는 것이다. 회사의 입장에서 볼 때 이는 큰 인력 낭비다.

그러나 회의의 중심에 글이 있다면 따로 회의록이 없더라도 기록이 남는다. 특히 인력 이동이 잦은 조직의 경우 이런 기록은 해당 팀이 문제없이 돌아갈 수 있도록 큰 도움을 준다. 신규 인력들은 매번 사수에게 질문할 필요 없이 글을 찾아 알고 싶은 부분만 읽으면 된다. 또한 업무 협조 요청이 왔을 때 타 부서에서 작성된 글을 공유하면 설명을 반복할 필요가 없다.

글은 모두에게 공평한 기회를 준다

사람들 앞에서 프레젠테이션을 하는 것은 참 어려운 일이다. 연습한 대로 말하지 못해 논리가 길을 잃기도 하고, 갑자기 들어오는 날카로운 질문에 답을 알고 있음에도 입 밖으로 나오는 말은 매끄럽지 못할 때가 많다. 본인의 실력을 100퍼센트 보여주기 위해서는 120퍼센트의 연습이 필요하다는 말도 있다. 특히 발표는 내성적인 사람들에게 더욱 불리하다. 아무리 아이디어가 좋아도 전달이 매끄럽지 못하면 사람들을 설득하지 못할 수도 있다.

그렇지만 글은 본인의 생각을 모두에게 잘 전달할 수 있는 기회를 제공한다. 물론 글 쓰는 실력이 부족한 사람들에게는 불리할 수도 있다. 그러나 발표와는 다르게 글은 회의가 시작되기 전까지 충분히 준비할 수 있다. 주변 사람들에게 피드백을 받을 수도 있고 다양한 표현 방법에 대해 고민하고 수정할 수 있다. 또한 글이라는 매개체를 통해 모든 직원의 소리를 공평하게 들어보는 것은 회의에서 좋은 토론을 하는 것만큼이나 중요하다.

우리 조직에는
어떤 소통 방식이 맞을까?

물론 아마존처럼 회의 때 글을 사용하는 것이 무조건 정답은 아니다. 단점도 분명히 존재한다.

우선 말솜씨가 좋지 않은 사람에게 발표가 불리하듯이 글을 잘 못 쓰는 사람에게는 글을 쓰는 문화가 낯설게 다가올 수 있다. 본인의 생각을 논리적으로 적어낸다는 것은 생각보다 어려운 일이다. 글쓰기가 익숙하지 않은 사람들은 발표를 준비하는 시간보다 더 시간이 오래 걸릴 수 있다. 단순히 글의 내용만이 아니라 문법 및 다양한 부분을 신경 써야 하기 때문이다.

나 역시 처음 아마존에서 글을 쓸 때 비슷한 생각을 했다. 간단한 내용을 전달하는데도 생각 이상으로 많은 시간이 소요됐다.

다행인 점은 글은 쓸수록 실력이 좋아진다는 것이다. 물론 정말 좋은 글을 쓰려면 끊임없는 노력이 필요하다.

글 쓰는 것뿐만 아니라 글을 읽는 회의 참석자들의 태도 역시 중요하다. 상사가 글을 읽는 데 익숙하지 않거나 핵심 내용을 파악하기 어려워한다면 질의가 오가는 데 시간이 많이 소요될 수 있다. 따라서 글을 쓰는 사람들만큼 글을 읽는 사람들 역시 최선을 다해 글의 내용을 습득해야 한다.

좋은 글을 작성했음에도 불구하고 회의실에서 다시 구두로 발표하는 회의가 돼선 안 된다. 또한 무조건 글을 쓰고 읽는 문화를 도입할 것이 아니라 어떤 소통 방식이 우리의 조직에 가장 효율적일지 고민해보는 게 먼저다.

아마존
리더십 원칙

01

고객에게
집착하라
Customer Obsession

아마존 업무의 모든 과정에는 리더십 원칙이 자리하고 있다. 인사 채용과 승진 여부를 논의할 때도 이 원칙들을 따라 결정하고, 회의실에서 결정을 내릴 때도 여기에 뿌리를 두고 논의한다. 이 원칙을 이해한다면 아마존이 어떻게 일하는지 알 수 있다. 제프 베조스와 임원진이 결정한 원칙을 책 전반에 걸쳐 하나씩 소개한다.

리더는 고객에서 시작한다

리더는 고객의 신뢰를 얻고 유지하기 위해 최선을 다해야 한다.

물론 경쟁사에도 관심을 갖지만 그보다 고객에게 더 집착해야 한다. 첫 번째 리더십 원칙인 '고객에게 집착하라'는 아마존에서 일한다는 것이 무엇인지 가장 잘 보여준다. 아마존은 항상 고객의 입장에서 보며 그들이 원하는 게 무엇인지, 그들의 경험을 개선할 방법이 없는지 고민한다. 주기적으로 고객들에게 연락해서 그들의 피드백을 수렴하고 불편한 부분은 빠르게 개선한다. 이는 보여주기 식이 아닌 아마조니언 모두가 진심으로 믿고 따르는 원칙이다.

아마존에서 PM(Product Manager)으로 일하는 나는 업무를 하면서 직업병이 생겼다. 평소 주변에 있는 물건들을 사용할 때마다 '과연 이게 고객을 위한 최선이었을까'라는 생각을 한다. 동료들과 퇴근을 할 때도 회사 엘리베이터 버튼의 위치, 층간 움직이는 속도, 층간 자동 이동 결정 같은 시스템이 각 층 사람들에게 얼마나 이로울지에 대해 진지하게 토론한다.

각자가 생각하는 개선 방향을 제시하다 보면 결국 대화가 길어져 맥주를 마시면서 토론을 이어가는 일도 있었다. 아마도 옆 테이블에 앉았던 사람이 우리의 대화를 들었다면 우리를 엘리베이터 회사 직원이라고 생각했을 것이다.

'고객에게 집착하라' 원칙은 회의실 안에서도 큰 역할을 한다. 프로젝트를 진행하다 보면 수많은 결정을 내려야 하는 갈림길에 놓인다. 그런데 여러 선택지 중 고객에게 불이익이 가는 항목이 있다면 가장 먼저 제거한다. 설령 회사에 불이익이 가더라도 고객을 위한 옳은 결정이라면 주저하지 않는다.

아무리 중요한 프로젝트라도 고객에게 안 좋은 영향을 미친다면 누구나 반대 의견을 낼 수 있는 문화, 고객을 위한 생각이 존중받고 우선시되는 문화가 아마존의 문화다. 고객을 위한다는 신념은 아마조니언들을 움직이는 가장 큰 원동력이다.

결과를 내라
Deliver Result

리더는 결과를 내야 한다. 비즈니스에 투입해야 하는 핵심 요소 (Key Input)에 초점을 맞추고 이를 적합한 품질과 시기적절한 방식으로 제공하며, 어려움과 좌절이 있어도 상황에 맞서 대응하고 결코 안주하지 말아야 한다.

일을 하다 보면 예상하지 못한 어려움이 생긴다. 뜻하지 않은 방해물로 프로젝트 일정이 지연되는 경우도 있고, 유관 부서의 동의를 얻지 못해 프로젝트를 접어야 하는 경우도 있다. 그럼에도 리더는 주어진 상황에 수긍하지 않고 사람들을 설득해 결과를 내는 모습을 보여줘야 한다.

이 원칙을 보고 '직장인이라면 당연히 결과를 내지 않나'라고 생각할 수 있다. 당연해 보이는 이 원칙에서 중요한 점은 어려운 상황에 안주하지 않는 것이다. 불도저처럼 프로젝트를 무조건 밀고 나가라는 말이 아니다. 예상하지 못한 방해물을 만날 때마다 유연하게 대처할 줄 알아야 하고 때론 조직 내 다른 이들에게 영향을 끼칠 줄 알아야 한다. 영어로는 'Influencing Others'라고 표현하는데, 다른 사람들을 설득하고 그들의 동의를 얻는 능력을 말한다.

아마존에서는 모든 직원이 각자의 목표를 갖고 일한다. 동료의 도움이 필요하다고 해서 무조건 그들이 응답해주기를 기대할 수 없다. 도움이 필요하다면 먼저 다가가서 그들의 우선순위에 자신의 프로젝트를 올릴 수 있도록 설득해야 한다. 이 프로젝트가 중요한 이유가 무엇인지, 프로젝트에서 그들의 역할이 얼마나 중요한지를 설명하면서 말이다.

Chapter 2

혁신을 만드는
아마존의 소통 문화

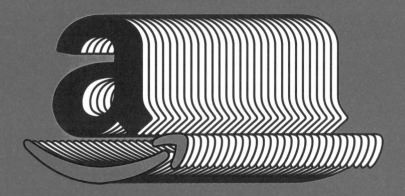

언택트 시대의 비대면 소통, 세대 간 좁혀지지 않는 생각의 차이, 타국 직원과의 업무 교류까지 그 어느 때보다 업무 방식이 복잡해진 요즘이다. 이때 조직의 서투른 커뮤니케이션과 업무 처리는 비효율을 부르고, 결국 목표를 달성하지 못하게 만든다.

특히 팀장 혹은 관리자 위치에 오른 이들은 늘 소통의 문제에 직면한다. "도대체 피드백은 언제 어떻게 주고, 주의해야 할 점은 무엇이며, 내가 어느 정도까지 업무를 돕고 지시해야 하는 거지?"

기업은 목표 달성 실패와 이런 고민에 따른 비용 낭비를 어떻게 줄일 수 있을까? 세계에서 가장 혁신적인 기업 아마존의 현장은 어떻게 돌아가고 있을까? 아마존의 문화는 조금 다르다.

01

회의는 무조건
효율적이어야 한다

목표에 도달하게 해주는 회의 문화

비효율적인 일이라면
눈치 보지 말고 쳐내라

정말 효율적인 회의를 위해서 우리는 어떤 고민을 해야 할까? 무엇보다 먼저 회의의 목적이 확실해야 한다. 생각보다 목적이 분명치 않은 회의들이 많다. 심지어 다수의 사람들이 머리를 맞대고 고민하면 좋은 생각이 나오지 않을까 해서 일단 모이고 보는 경우도 있다. 어떤 부장님들은 이것이 집단지성을 이끌어내는 회의라고 하기도 한다. 그러나 집단지성이란 다수의 개체들이 서로 협력하여 얻는 지적 능력의 결과다. 목적 없이 모인 자리에서 서로의 협력을 얻어낸다는 것 자체가 불가능하다.

아마존에서는 목적이 불분명한 회의에는 참석하지 않아도 된다. 직원들은 높은 업무 강도로 매 순간 업무의 우선순위를 정해야 하기 때문이다. 하루에도 참석해야 할 회의가 여럿 있기 때문에 항상 선택의 기로에 놓인다. 그래서 오히려 눈치 볼 필요 없이 필요와 소신에 맞게 결정한다.

목적이 불분명한 회의는 가장 먼저 불참하는 것으로 결정이 난다. 회의에 참석할 수 없을 경우 주최자에게 참석 못 한다고 미리 통보해주면 된다. 회사 생활을 하면서 모두를 만족시킬 순 없다. 결국 누군가는 실망시킬 것이라는 점을 염두에 두고 그저 최선을 선택하면 된다.

회의의 목적은 하나여야 한다

회의 주최자가 되어 준비를 시작한다면 가장 먼저 다음과 같은 질문을 스스로에게 던져야 한다.

1. 회의의 목적은 무엇인가?

2. 목적 달성을 위해 꼭 필요한 인원은 누구인가?

3. 회의 외에 다른 방식으로 목적을 달성할 순 없는가?

　먼저 회의의 목적, 즉 주제는 하나여야 한다. 회의에서 다수의 주제를 다루면 오히려 혼란스러워진다. 어쩔 수 없이 두 개 이상의 주제를 다뤄야 한다면 시간 구분을 확실히 해서 아예 다른 회의처럼 진행하는 게 효율적이다. 한 회의에서 두 개 이상의 주제를 다룰 경우 두 번째 주제를 시작함과 동시에 집중력이 사라지기 때문이다. 중요한 회의일수록 선택과 집중이 필요하다.

　또한 회의 주최자는 회의의 목적을 한 문장으로 설명할 수 있어야 한다. 더불어 회의가 끝났을 때 어떤 형태의 결론을 내고 싶은지도 언급해야 한다. 예를 들면 다음과 같이 말할 수 있다. "오늘 회의는 프로젝트 A의 Go to Market(제품을 새로운 시장에 내놓을 때 시장 침투 전략을 짜는 것) 전략으로 제시된 계획들 중 최종 선택을 하기 위함입니다. 이번 회의를 마지막으로 최종안을 결정하고 실행에 옮기도록 하겠습니다."라는 식으로 짧고도 확실하게 설명해야 한다.

　회의 전에 이 문장을 회의 참석 요청 메일의 가장 처음에 명시하고 회의 시작과 동시에 말해야 한다. 이렇게 회의의 목적을 명확히 해두면 참석자들은 자신의 역할이 무엇인지 상기하고 그 역할에 최선을 다하게 된다.

참석 인원은 추리고 또 추려라

다음에는 회의의 목적을 이루기 위한 '필요' 참석자를 선별해야 한다. 여기서 '필요'라는 단어를 강조한 이유는 누가 참석하느냐가 회의에 많은 영향을 끼치기 때문이다. 회의의 목적과 관계없는 사람들, 주제의 답을 줄 수 없는 사람들이 온다면 그 회의는 안 하는 것만 못하다.

회의와 직접적 관련이 없는 이들이 모이면 "추후 통보 드리겠습니다", "확인해보겠습니다" 같은 말들만 난무하고 결국 서로의 시간만 잡아먹는다. 회의를 하기 전 반드시 필요한 실무자들이 참석하는지 확인해야 한다. 중요한 이들이 불참할 경우 회의 시간을 미루는 것도 고려해봐야 한다.

간혹 사람들이 잘못 생각하는 지점이 있는데 바로 큰 회의를 주관하고 진행하는 게 주최자의 능력이라고 생각하는 것이다. 회의에 많은 사람이 참석하는 것을 중요하게 생각하는 이들이 있다. 그래서 옆 부서 막내 직원부터 프로젝트와 크게 관계없는 부서의 차장님까지 모셔온다. 때론 회의실 코너까지 의자를 놓고도 좌석이 부족해 누군가는 서서 이야기를 듣기도 한다. 이렇게 진행되는 회의를 과연 집단지성이라고 할 수 있을까?

회의에는 꼭 필요한 사람들만 있으면 된다. 너무 많은 사람이 회의에 참석하면 실무자 또는 중요 인물들의 발언권이 빼앗긴다. 불필요한 의견이 많아지는 것이다. 또한 사람들이 많을 경우 대다수 사람들이 '누군가가 나 대신 발언하겠지'라고 생각하게 되어 적극성마저 줄어든다.

아마존에서는 큰 회의를 찾아보기 어렵다. 다양한 부서들이 모여 임원에게 분기 발표를 하는 경우가 아니라면 대부분 3~5명 정도의 소규모로 진행된다. 그렇기에 회의 참석 요청 메일을 보낼 때도 '메일을 다른 사람에게 전달하지 말아주세요. 추가하고 싶은 인원이 있다면 먼저 제게 알려주세요'라고 덧붙인다.

📄 회의 관련 메일은 이렇게 씁니다

- **제목:** 사내 서버 증축 제시안 검토 회의
- **필요 인원:** 재무팀 김재명 부장, 기술팀 신효식 부장
- **내용:** 안녕하십니까. A 전자 사내 서버 증축을 위한 회의를

소집합니다. 회의의 목적은 서버 증축을 위한 두 제시안을 검토하고 의견을 듣고자 합니다.

회의 첫 10분 동안은 첨부된 파일을 읽고 다음 10분 동안은 자료나 상황에 대한 질문을 받겠습니다. 그 후 각 팀은 20분씩 활용해서 제시안에 대한 의견을 주시기 바랍니다. 특히 재무팀은 현 서버 증축의 예산 범위를 사전에 확인해주시기 바랍니다.

- **배경:** 3월 28일 신제품 애니웨어 출시와 동시에 예상 이상의 인원이 사이트에 접속하여 서버가 마비되는 문제가 발생(15만 명 접속 vs. 5만 명 수용 가능 인원).

  세 시간 지연으로 12퍼센트 매출 감소. 추후 동일 문제를 방지하기 위해 서버 증축 필요. 자세한 사항은 첨부 파일 확인 바랍니다.

- **추신:** 회의에 추가하고 싶은 인원이 있다면 제게 먼저 알려주세요.

회의의 비용은 꽤나 비싸다

회의에 참석하는 직원들의 시급을 계산해본다면 회의를 소집하는 것 자체가 곧 꽤나 큰 비용임을 알 수 있다. 임원과 같이 직급이 높은 사람들이 참석하거나 참석자 수 자체가 많다면 그 비용은 더욱 커질 수 있다. 회사는 이처럼 회의라는 업무 방식에 막대한 금액을 투자하고 있다. 물론 그렇게까지 계산할 필요는 없겠지만 '회의가 비싸다'라는 점은 인지해야 한다. 따라서 회의를 열기에 앞서 정말로 필요한지 여부를 고민해야 한다. 물론 회의라는 매개체를 통해 필요한 정보를 얻고 누군가의 도움을 받을 수도 있다. 그런 회의는 반드시 필요하고 유지되어야 한다.

하지만 그렇지 않은 회의들도 있다. 주기적으로 반복되는 회의를 잡아 별다른 안건이 없는데도 회의를 굳이 진행하는 경우도 있고 누군가의 노파심 때문에 열리는 회의도 있다. 그리고 어쩌면 우리는 생각보다 필요하지 않은 회의를 자주 하는지도 모른다.

예를 들어 내 아이디어를 설명하고 피드백을 받기 위한 회의라고 가정해보자. 만약 아이디어가 잘 정리된 글이 있다면 메일은 회의의 좋은 대안이 될 수 있다. 물론 내용이 복잡해서 누군가의 설명과 추가 질문에 대한 답이 필요하다면 회의가 좋은 선택이 될 수도 있다. 하지만 그렇지 않다면 과감하게 회의를 대신할 다른 방법을 선택해보는 건 어떨까.

나 또한 어느 순간 회의에 드는 비용이 크다는 것을 깨닫고 회의의 필요성에 대한 의문을 자주 던지기 시작했다. 특히 정기적인 회의의 경우 분기 혹은 몇 달에 한 번씩 회의의 필요성에 대해

혁신을 만드는 아마존의 소통 문화

고민했다. 만약 그 회의에서 얻어지는 결과물이 점차 줄어든다고 느낀다면 참석자들에게 솔직한 의견을 물어 회의를 할지 여부를 결정했다. 그렇게 메일과 같은 대체 방식으로 회의의 숫자를 줄이면서 개인 업무에 집중할 수 있는 시간을 얻게 됐다. 업무 성과를 내기 위해 잡았던 회의였으나 오히려 줄어들면서 더 큰 효과를 봤다.

02 회의 전 챙겨야 할 것은 따로 있다

시간 낭비 없는 회의를 위한 체크리스트

불시에 시작하는 회의는 금물

회의는 당일 회의 시간부터가 아니라 사람들에게 참석을 요청하는 순간부터 시작된다. 직장인들의 업무 효율을 떨어뜨리는 가장 큰 원인 중 하나는 어느 날 갑자기 들려오는 상사의 목소리다.

"자, 이제 회의합시다."

그러면 직원들은 방금까지 하던 일을 멈추고 회의실로 들어가야 한다. 업무에 집중하던 흐름이 자연스럽게 끊긴다. 사람마다 일하는 페이스가 있다. 이는 당연히 존중받아야 한다. 급하게 끌

려가서 회의를 마치고 돌아오면 다시 그 페이스를 찾기 위해 한동안 노력해야 한다. 직원들의 생산성을 고민하고 있다면 진지하게 고민해봐야 할 문제다.

아마존에서는 정말 급한 회의가 아니라면 사전에 회의 참석 요청을 보낸다. 누군가와 회의를 잡을 경우 가능하다면 하루 이상의 시간적 여유를 주어야 한다. 사실 이 사전 요청은 머리로는 다 알고 있지만 막상 실천은 잘 되지 않는 문제 중 하나다.

물론 당일에 회의를 잡는다고 문제가 되는 것은 아니지만 해당 직원이 다른 계획이 있는지 확인해야 한다. 또한 급한 문제가 생겨 도움이 필요할 경우 사전 요청을 못 할 수도 있다. 그럴 때는 충분히 양해를 구하고 회의를 소집해야 한다.

목적과 의제는 다르다

회의 시간이 정해졌다면 다음으로 목적과 의제를 정한다. 생각보다 많은 회의가 명확한 목적은 있지만 의제가 없는 경우가 있다. 여기서 목적이란 회의를 하는 이유다. 회의가 끝날 때 주최자가 얻고자 하는 것을 말한다. 의제는 이 목적을 달성하기 위해 어떤 질문을 던져야 하는지, 어떤 부분에 대해 토론을 할지 구조를 잡는 것이다.

그런데 많은 사람이 목적만 확실하면 방법은 회의 중에 찾을 수 있다고 생각한다. 이렇게 의제가 없는 회의는 마치 미로 속에서 길을 잃었지만 앞으로 나가기만 하면 된다고 생각하는 것과 같다. 미로를 벗어나야 한다는 목적은 있지만 방법에 대한 고민이 없으므로 시행착오를 범한다. 물론 그런 시행착오 속에서 답을 찾을 때도 있다. 하지만 의제에 대해 조금 더 고민해본 다음 회의를 진행한다면 시행착오 자체를 겪지 않을 수 있다.

- 목적: 회의를 하는 이유
- 의제: 목적을 달성하기 위해 회의의 구조를 설계하는 일(질문, 회의 방식 등)

회의 의제를 선정하는 것은 주최자의 몫이다. 어떤 의제를 다뤄야 할지 진지하게 생각해보자. 그리고 과연 이 의제들이 본인이 얻고자 하는 목적을 가져다줄지 생각해보자. 목적과 의제를 정하면 참석자들에게 가장 먼저 공유해야 한다. 그들 역시 회의에 들어오기 전에 어떤 이야기가 오갈지 예상하고 자신의 의견을 준비해올 수 있다. 별것 아닌 듯하지만 서로가 준비된 상태로 만

날 때 회의에서 나누는 대화의 수준이 달라진다.

> **[효율적인 회의를 위한 체크리스트]**
>
> ☑ 정말로 필요한 회의인지 고민했나요?
> ☑ 최소 하루 전에 참석 요청 메일을 보냈나요?
> ☑ 회의의 목적을 명확히 설정했나요?
> ☑ 회의 의제에 대한 구조를 잡았나요?
> ☑ 목적, 의제, 토론 방식 등을 적은 페이퍼를 사전에
>   공유했나요?

전 세계 아마존의 회의실이 똑같은 이유

아마존 회의실은 어느 나라에 가든지 같은 모습을 하고 있다. 시애틀, 룩셈부르크, 런던, 상하이 그리고 서울까지 모두 동일한 느낌의 오피스 가구와 인테리어로 되어 있다. 첫 출장을 갔을 때는 순간 내가 꿈을 꾸고 있나 싶을 정도로 기존 사무실에 있던 회의실과 똑같은 공간이어서 조금 놀랐다.

심지어 회의실에서 사용되는 안내 문구도 똑같거나 동일한 폰

트를 사용하고 있었다. 사소해 보이지만 이렇듯 회의실이 통일된 모습을 갖추면 출장이 잦은 아마조니언들은 어느 나라에 가든지 그 자리에 익숙해지기 위해 들이는 에너지를 최소화하고 곧장 회의에 몰입할 수 있다. 효율을 우선시하는 아마존다운 모습이다.

　구체적으로 살펴보면 아마존의 회의실은 대체로 군더더기 없이 깔끔하다. 하얗고 커다란 책상과 의자들, 화상회의를 위해 설치된 TV와 화상 시스템이 전부다. 회의실은 참석 인원에 맞도록 선택할 수 있고 필요에 따라 추가 장비들을 요청할 수도 있다. 모든 회의실 근처에는 필요한 문구들과 프린터가 배치되어 있는데 중요한 회의를 앞둔 사람이 프린터 앞에서 자신이 작성한 글을 읽는 모습을 볼 수 있다.

03

아마존에서 멍청한 의견은 없다

뻔한 질문에도 성실히 답하는 아마조니언들

아마존 팀장은 질문에 너그럽다

아마존 회의는 질문에 너그럽다. 물론 글을 읽는 시간 동안 이해되지 않는 단어나 내용이 있다고 해서 바로 주최자에게 질문하지는 않는다. 글을 읽기로 약속한 그 시간에는 조용히 글만 읽는다. 그리고 자신의 생각이나 이해되지 않은 부분에 대한 질문들을 노트에 적는다. 침묵이 끝나고 논의가 시작되면 주최자는 그 질문들을 받는다.

많은 사람이 아마존에서 회의하면 사람들이 날카로운 질문만

할 것이라고 생각한다. 그러나 생각보다 단순한 질문으로 시작된다. 그리고 논의가 진행되면서 점차 구체적이고 어려운 질문이 나온다. 그렇기 때문에 글에서 이해가 안 되는 부분이 있다면 초반에 누구나 자유롭게 질문할 수 있다.

단순한 질문의 예로 줄임말의 뜻에 대해 물어보는 경우가 있다. 아마존에서는 수많은 줄임말을 사용한다. 조직에 따라 사용되는 용어가 다르기 때문에 글에서 풀어 설명하지 않았다면 물어보면 된다. 또 다른 예로 익숙하지 않은 시스템이나 제품이 나올 경우가 있다. 이때는 잘 모른다는 것을 솔직하게 밝히고 구체적인 정보를 물어보면 된다. 자유롭게 질문한다는 것은 아마존 회의에서 특히 중요한데, 모두가 같은 선상에서 시작해야 비로소 깊이 있는 토론이 가능하기 때문이다.

누구나 모르는 것이 있다. 글에서 제대로 설명했을 수도 있지만 이 주제에 대해 경험이 부족한 사람도 있다. 그렇다고 해서 그 사람이 일을 못하거나 능력이 없는 건 아니다. 물론 너무 단순한 질문들을 남발해서는 안 된다.

특히 같은 질문을 여러 번 해서 충분한 설명을 들었음에도 불구하고 스스로 소화하지 못한다면 질문을 자제해야 한다. 질문은 논의를 위해 자신이 이해해야 할 부분에 대해서만 질문하고 그다음부터는 핵심을 파고드는 질문을 하려고 노력해야 한다.

뻔한 질문은 뻔한 질문이 아니다

아무리 뻔해 보이는 질문도 알고 보면 아닐 때가 있다. 그런데 이 것을 놓치고 있는 직원들과 조직이 많이 있다. 많은 사람이 회의 실에 앉아 있을 때 간혹 '내 질문이 너무 뻔하지 않을까?'라는 생 각에 질문을 망설였던 적이 있을 것이다. 내가 모르는 부분이 다 른 사람들에게는 너무 뻔한 질문이 아닐까, 혹은 내가 던지는 질 문에 "너는 회사 생활 몇 년 차인데 아직 그것도 모르고 있냐?"라 는 핀잔을 듣지 않을까 하며 질문하기를 꺼린다.

아무래도 가장 큰 원인은 과거에 비슷한 경험이 있어서일 것이 다. 본인이 아니더라도 주변 사람이 비슷한 상황이었을 때 결과 가 안 좋았다면 그 시간 이후 회의실에서의 질문은 사라졌을 수 있다. 그렇게 경직되고 딱딱한 회의로 굳어졌을 것이다.

좋은 회의의 특징은 '자유로운 질문이 가능한가'다. 모르는 게 있다면 누구든지 자유롭게 물어볼 수 있어야 한다. 물론 비슷한 질문을 반복해서 물어보는 건 문제가 있다. 그게 아니라면 질문 을 통해 모든 참석자가 주제를 완벽히 이해하는 게 가장 중요하 다는 사실을 기억해야 한다. 주제를 제대로 이해하지 못한 상태 에서 시작하면 사람들이 각자 다른 선상에서 이야기하게 되고 회 의가 방향을 잃고 어수선해질 수 있다.

말 한마디로 토론의 흐름이 바뀐다

회의실에서 주최자의 역할은 무엇보다 중요하다. 단순히 글을 읽는 시간을 정해주고 질문에 답하는 것이 전부가 아니다. 사람들의 대화에 귀를 기울이고 필요에 따라서는 중재도 해야 한다. 특히 어느 한 주제에 토론이 길게 이어지거나 주제와 상관없는 방향으로 대화가 나아간다면 곧바로 끼어들어 방향을 바로잡아야 한다.

만약 그렇지 못하면 불필요한 대화들로 가득한 회의가 되고 목적 근처에도 다가갈 수 없다. 주최자는 미리 회의에서 어떤 내용에 대해 논의할지 생각해보고, 실제로 생각한 것보다 더 시간이 길어진다면 열띤 분위기에 끼어들어 대화를 멈춰야 한다.

또한 반대 의견이 있을 때 주최자의 역할은 타협하는 절충안을 내는 것이 아니다. 그보다 서로의 의견을 들여다보고 고객을 위해 올바른 선택을 하도록 유도해야 한다. 두 의견이 불러올 고객 경험은 무엇인지 상상하고 질문해야 한다.

이처럼 아마존 회의에서 중요한 핵심은 타협안을 내는 것보다 옳은 선택을 하는 것이다. 사람들과의 관계를 생각해서 타협점을 찾으려고 한다는 건 보다 좋은 선택을 할 수 있음에도 불구하고 포기하는 것과 같다. 따라서 주최자는 회의 시간이 충분하다면 각자의 건해를 충분히 피력하고 서로 설득할 기회를 제공해야 한다.

귀를 기울이고 필요할 때 끼어들어라

아무래도 회의를 주최한 경험이 많은, 연차가 오래되었거나 직급이 높은 사람일수록 회의를 효율적으로 운영하는 모습을 보여준다. 그들은 회의의 목적을 달성하기 위해 어떤 질문이 중요한지 잘 알고 있으며 가능하면 모든 사람의 의견을 듣기 위해 시간을 효율적으로 활용한다.

그렇지만 반대로 직급이 낮거나 회의를 주최한 경험이 적은 사람들은 회의를 이끄는 데 어색한 모습을 보인다. 예를 들면 본인보다 높은 직급의 사람이 회의를 장악하고 싶어 길게 연설을 늘어놓으면 여기에 끼어들기 어려워한다. 또한 두 사람이 서로 반대되는 의견으로 토론을 할 때 오랜 시간이 지났음에도 불구하고 중재를 못 하거나 오프라인 대화(회의 후 따로 대화를 이어가는 것)를 하자는 식으로 흐름을 끊지 못한다. 혹시 잘못된 방식으로 중재하거나 끼어들어서 사람들이 불편함을 느끼거나 안 좋게 생각할까 봐 걱정하는 것이다.

하지만 이런 경우는 다양한 회의에 참석하며 회의 운영 능력이 뛰어난 사람을 롤모델로 삼아 배우고 여러 회의를 주최하다 보면 곧 자기만의 운영 방식을 구축할 수 있을 것이다. 나도 입사 후 한 디렉터가 회의를 운영하는 모습을 보며 크게 감탄한 경험이 있다. 평소 가벼운 농담을 자주 하는 그였지만 회의가 시작되면 눈빛이 바뀌었다.

그는 다른 팀들의 업데이트를 들어가며 궁금한 점들을 하나씩 물어봤다. 그의 질문을 듣다 보면 부서별로 놓치고 있는 부분들이 드러났다. 그는 마치 실무자인 것처럼 구체적인 사안에 대해서도 질문을 던졌는데, 직접 답을 주기보다 질문을 던짐으로써 실무자들이 놓치는 부분을 스스로 깨닫게 해주었다.

또한 목표 달성에 어려움을 호소하는 팀원들에게는 화를 내거나 책임을 묻기보다는 문제의 원인이 무엇인지 파악하려고 했고 추후 이를 방지하기 위한 메커니즘을 구축하기를 당부했다. 부정적인 주제로 분위기가 가라앉을 때는 적재적소에 농담을 던지며 회의를 부드럽게 이끌어가는 모습도 보여주었다.

요컨대 사람들의 말에 귀를 기울이고 필요할 때 적극적으로 개입하는 것이 회의를 잘 운영하는 방법이다. 이는 하루아침에 쌓을 수 있는 능력이 아니며 다양한 경험을 통해 배우고 훈련하면서 자신감을 길러나가야 한다.

혁신을 만드는 아마존의 소통 문화

편안한 분위기가 좋은 질문을 이끈다

주최자는 논의를 시작하기 전에 회의 내용 중 이해가 안 되는 부분이 있다면 자유롭게 질문해달라고 반드시 이야기해야 한다. 뻔한 내용이어도 괜찮다며 질문을 유도해야 하고, 질문이 나올 때는 최선을 다해 답해야 한다. 질문에 대한 주최자의 행동이 어떤가에 따라 다른 사람들 역시 입을 연다. 이런 분위기에서 회의를 시작해야 회의 시간 동안 좋은 질문이 나온다.

이는 단순히 질문의 양을 늘리려는 목적이 아니다. 회의에 참석한 사람들이 편하게 질문을 하기 시작하면 오가는 대화에 더 집중할 수 있고, 자신의 의견을 편하게 이야기하기 때문에 회의의 질이 더욱 올라간다.

반대로 질문하기 어려운 분위기 속에서 회의가 진행되면 아무리 좋은 아이디어를 갖고 있어도 자신의 생각을 자유롭게 이야기하지 못한다. 결국 좋은 아이디어는 세상에 나오지 못하고 묻히고 만다. 회의 목적이 사람들의 의견을 듣기 위함이라면 주최자는 질문을 너그럽게 받아들이는 분위기를 만들어야 한다.

또한 참석자들 역시 자신의 생각을 말하고 질문하기 위해 모였다는 점을 잊지 말아야 한다. 세상에 멍청한 질문은 없다. 자신이 궁금한 부분이라면 회의실에 있는 사람들 역시 그 점에 대해 질문해야 할지 고민하고 있을 가능성이 크다. 주최자로서는 모든 사람이 제대로 이해했는지 알 수 있는 방법이 없기 때문에 누군가 궁금한 점을 물어보면 설명이 부족했던 부분을 확인할 수 있다. 그리고 이런 과정을 통해 글과 설명을 개선할 수 있다.

뻔한 질문은 뻔한 질문이 아니라는 걸 잊지 않도록 하자. 입사 후 처음 같이 근무했던 디렉터는 뻔한 질문을 자주 하는 편이었다. 회의에서 복잡한 용어가 언급되면 잠시 논의를 멈추고 "미안하지만 멍청한 질문을 좀 해도 될까?"라고 말했다. 그리고 궁금한 점을 이야기하며 본인을 어린아이라고 생각하고 알기 쉽게 설명해달라고 했다.

처음엔 그 디렉터가 구체적인 사안을 잘 몰라서 그와 같은 질문을 한다고 생각했다(정말 그랬을 수도 있다). 하지만 돌이켜보면 회의실에 앉아 있는 사람들 중 제대로 이해하지 못한 상태로 논의에 뛰어드는 이가 있겠다 싶어 추가 설명을 요청했던 것 같다.

디렉터가 회의 때마다 그렇게 물어보면 담당자는 구체적인 설명을 했고 덕분에 함께 앉아 있었던 사람들에게는 좋은 공부가 되었다. 그래서일까, 나도 이제 제품 관련 회의에 들어가 어려운 내용에 대해 토론을 하다가도, 주제에 대한 정보가 부족한 사람이 보이면 잠시 회의를 멈추고 조금 뻔할 수 있는 질문을 할 기회를 주려고 한다.

3Whys · 5Whys로 질문한다

좋은 질문이 따로 있는 것 같진 않지만 굳이 좋은 질문을 꼽아보자면 이렇다. 아무래도 회의 초반일 때는 주제에 대해 더 구체적으로 물어보는 질문이 중요하다. 글의 설명이 부족하다고 느낀다면 주최자에게 추가 설명을 요청할 수도 있고, 글을 읽으면서 이해하지 못한 부분이 있다면 물어볼 수도 있다.

아무리 글을 많이 쓰는 회사라고 하더라도 모두가 완벽한 글을 쓰는 것은 아니다. 그러니 글을 읽다가도 이해하기 어려운 부분이 있다면 누구나 서슴없이 질문할 수 있어야 한다. 특히 결론에 대해 의문이 있거나 프로젝트의 문제점이 발견되면 쉽게 넘어가지 말고 집중적으로 물어보는 것 역시 좋은 질문이 될 수 있다(139쪽 '아마존 리더십 원칙 03 깊게 파고들어라'를 보라).

이를 3Whys 혹은 5Whys라고 한다. '왜'라는 질문을 세 번, 다섯 번 반복적으로 물어보며 문제의 인과관계를 확인하는 것이다. 예를 들어 프로젝트가 론칭되었지만 제품에 문제가 발생해 회사에 막대한 손실이 났다고 가정해보자.

먼저 발생된 문제를 돌이켜보는 COE(Correction Of Error) 회의를 소집할 것이다. COE 회의는 큰 문제가 발생하면 이를 추후 방지하기 위한 일종의 반성문과 같은 글을 작성하고 검토한다. 물론 여기서 반성문이란 누가 어떤 잘못을 했다는 것보다는 어떤 문제가 발생했는지, 재발을 방지하기 위해서는 어떤 메커니즘을 도입해야 하는지에 중점을 둔다. 즉 단순히 '테스트 중 확인되지 않은 결함 발견'을 원인으로 정리하고 회의를 끝내는 게 아니라 왜 버그를 사전에 확인하지 못했는지 원인을 깊게 파고드는 것이다.

테스트 중 결함을 확인하지 못한 이유가 유관 부서끼리 테스트 사례들을 협업하여 확정하지 않았기 때문일 수도 있다. 그렇다면 왜 유관 부서끼리 협업하지 않았는지를 물어볼 수 있다. 그리고

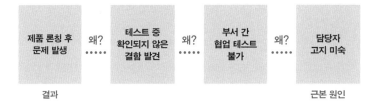

3whys로 묻는 과정

답변에 대한 이유를 추가적으로 물어보면서 이 모든 문제의 근본 원인을 찾는 것이다. 여기서 중요한 점은 책임을 떠안을 담당자를 찾고자 질문하는 게 아니라는 점이다. 문제의 근본 원인이 무엇인지 확인하고 동일한 문제를 방지하는 대책을 찾기 위해 질문한다는 걸 잊지 말아야 한다.

'왜'로 집요하게 파고들기

리더의 중요한 역량 중 하나는 집요하게 물고 늘어지는 것이라고 생각한다. 단순히 담당 직원들의 삶을 힘들게 하기 위해서가 아니라 직원들의 업무를 객관적으로 바라보고 그들이 최상의 결과물을 가져올 수 있도록, 때론 불편하겠지만 업무의 기준을 올려주는 역할을 해야 한다.

마찬가지로 회의에서도 집요하게 파고들어 상대방의 업무 기준을 높여야 한다. 아무리 업무 능력이 뛰어난 사람이라고 하더라도 일을 하다 보면 놓치는 것들이 있다. 그럴 때마다 '왜'라는 간단하지만 어려운 질문을 던짐으로써 담당자들이 근본적인 고민을 하게 만드는 게 중요하다.

회의는 분명 자신의 능력을 보여줄 수 있는 좋은 기회다. 그러니 단순히 자리에 앉아 있기보다 상황에 맞는 질문을 던지면서 본인의 능력을 보여준다면 틀림없이 좋은 평가로 이어질 것이다.

부서 내에 좋은 질문을 자주 하는 동료가 있었다. 직급은 낮았지만 상황에 맞는 질문을 던졌고 때로는 그의 질문을 통해 놓치고 있는 부분을 찾았던 적도 많았다. 그러다 보니 회의를 할 때마다 그가 질문을 던지는 게 당연해졌고 그의 날카로운 질문은 사람들의 인정을 받아 매해 그는 좋은 평가를 받았다.

질문은 누구나 자유롭게 할 수 있어야 한다. 좋은 질문은 그 사람의 직급에서 나오는 것이 아닌 호기심과 적극성에서 나온다. 그렇기에 질문을 하는 문화를 조성하는 것은 좋은 회의로 가는 첫걸음이다. 누구나 처음부터 좋은 질문을 하지는 않는다. 좋은 질문을 던지는 능력은 질문을 하면 할수록 발전한다.

때론 훌륭하지 않은 질문일 수도 있지만 다양한 상황에서 질문을 던지다 보면 점차 문제의 핵심에 다가서는 법을 배우게 된다. 그렇게 회의실에서 자유롭게 질문하는 문화를 만드는 것은 참석자들로 하여금 좋은 질문을 던질 수 있도록 도와주는 길이다.

고객의 입장에서 질문할 수 있는가?

고객경험에 대한 질문은 언제나 훌륭한 질문이다. 회의에 참석하다 보면 회사의 입장에서 프로젝트가 의미하는 게 무엇인지 설명하는 경우가 많다. 새로운 제품이 기존 제품들과 갖게 될 시너지에 대해 설명하거나 회사에 돌아올 이익을 설명하는 경우도 있다. 그리고 그런 내용이 가득한 글을 읽는 회의에서는 항상 나오는 질문이 있다.

"그래서 고객에게는, 고객경험에는 어떤 영향이 있을지 설명해주세요."

회사의 입장에서 문제를 바라보고 해결책을 내는 것은 쉽지만 고객의 입장에서 문제를 바라본다는 건 어려운 일이다. 아마존에서는 고객들과 소통하고 그들의 의견을 받아가며 입장을 대변할 정도의 전문가가 되는 것이 중요한 업무이자 의무다. 또한 고객을 누구보다 잘 파악하고 그들의 생각을 대변해 질문할 수 있는 사람은 높이 평가된다.

이는 회사를 위한 단기적인 이익보다는 고객을 위한 최선의 선택을 하다 보면 장기적으로 회사에게 좋은 영향을 줄 것이라고 믿기 때문이다(142쪽 '아마존 리더십 원칙 04 크게 생각하라'를 보라). 그렇기에 어떤 아이디어나 대책이 고객에게 부정적인 영향을 미칠 것이라고 믿는다면 회의에서 과감하게 질문하고 반대하는 것이 옳다. 사람들 역시 그런 태도를 진지하게 받아들이고 옳은 일이라고 믿고 따를 것이다.

04 자신의 의견을 거침없이 말한다

리더든 주니어든 반대하는 의견을 솔직하게 말하는 문화

소신 있게, 젠틀하게 반대하라

아마존 회의에서는 반대 의견을 내는 것이 어렵지 않으며 오히려 자연스럽다(144쪽 '아마존 리더십 원칙 05 소신을 갖고 반대하되 결정에 헌신하라'를 보라). 회의를 하다 보면 자신과 반대되는 의견을 마주하게 된다. 그러나 모든 사람이 목소리를 높여 반대 의견을 말하고 상대방을 이해시키려고 하지는 않는다. 상대방과의 관계를 생각해 좋게 넘어가려는 경우도 있고 자신이 잘못 이해하고 있다고 생각하기도 한다.

반대 의견을 듣는 입장은 대체로 자신의 생각에 동의하지 않는 사람을 적대시한다. 그러다 보면 회의 중 언성이 높아지기도 하는데 그런 광경을 보게 되면 회의실에서 반대 의견을 던지기가 조심스러워진다. 하지만 이렇게 눈치 보는 분위기나 잘못된 배려 때문에 정작 중요한 내용을 바로 고치지 못할 수도 있다.

그렇기에 아마존은 반대 의견을 내는 것을 리더가 갖춰야 할 원칙으로 내세운다. 특히 반대되는 의견이 있다면 아마조니언들은 정중하게 이의를 제기해야 할 의무가 있다. 반대 의견을 내야 할 뿐만 아니라 '정중하게' 해야 한다.

누구나 자신과 다른 생각을 가진 사람을 반기지는 않는다. 그렇기에 반대 의견을 낼 때는 조심스럽게 다가가야 한다. 이의를 제기할 때 많이 쓰는 표현 중에서 세 가지 좋은 방법을 소개하자면 다음과 같다.

먼저 문장에 '나'라는 표현을 자주 드러낸다. '네 의견은 틀렸어'가 아닌 '내 생각은 조금 다른 것 같아'라는 식으로 설명하는 것이다. '당신의 의견이 잘못된 것'이 아니라 '나는 다른 생각을 갖고 있다'는 문장으로 이야기한다면, 듣는 사람이 반대 의견을 덜 불쾌하게 받아들일 수 있다.

그리고 상대방의 주장 중 좋은 부분을 먼저 지적한다. '당신의 A라는 주장은 아주 훌륭하지만 B라는 주장에 대해서는 나는 조

금 다르게 생각한다'는 식으로 의견을 표해보자. 그러면 상대방
역시 존중받고 있다고 느끼고 자기와는 다른 의견이지만 조금 더
열린 마음으로 들어줄 것이다.

　마지막으로, 두 의견이 합의점을 못 찾았다고 해서 끝없이 토
론을 이어가서는 안 된다. 서로의 설득에도 합의점을 찾지 못할
경우 다음 주제로 넘어가야 한다. 반대되는 생각을 가진 두 사람
이 끝없이 서로를 설득하려고 한다면 결국 대화는 개인적인 감정
싸움으로까지 번질 수 있다. 그러므로 늘 나와 다른 입장이 있다
는 사실을 인지하고 다음 주제로 넘어가자. 만약 합의점을 찾아
야 한다면 상사들에게 결정권을 넘겨주면 된다.

나를 반대하는 의견에서 배워라

반대 의견을 던지는 것만큼 받아들이는 사람의 마음가짐도 중요
하다. 상대가 누가 되었든지 그들의 의견을 무시하면 안 되며 그
논리 속에 본인이 배울 점이 있는지 생각해야 한다.

　얼마 전 일이다. 한 부서의 팀장이 우리 팀에서 내린 결정에 반
대 의견을 보내왔다. 읽어보니 그가 잘못 이해한 부분도 있었고
논리 역시 명확하지 않았다. 한 번 더 생각한 후에 그 의견에 동
의할 수 없다는 회신을 보냈다. 더불어 그가 잘못 이해한 부분이

어떤 것인지 설명했고 그의 논리가 왜 틀렸는지 최대한 부드럽게 설명하려고 했다.

또한 우리 팀 팀장에게도 함께 메일을 보냄으로써 '그 부서 팀장이 다시 반대한다면 이젠 당신이 대신 결정해줬으면 좋겠다'라는 것을 간접적으로 표현했다. 그러자 그 팀장이 다음 날 바로 본인의 생각이 짧았다며 회신을 보냈다.

이처럼 누구나 잘못 이해할 수 있고 다른 생각을 할 수 있다. 그럴 때는 여기서 상대방의 의견에 얼마나 논리적으로 받아칠 수 있는지 생각하고, 반대 의견이라도 납득할 만할 때는 주저하지 않고 인정하는 자세를 갖는 것이 중요하다.

우리 조직에서는 왜 반대 의견을 말할 수 없을까?

회의에서 가장 중요한 건 다른 사람의 질문을 받는 동시에 그들의 의견을 듣는 일이다. 여기서 말하는 의견이란 주최자의 생각에 동의하는 경우도 있지만 반대하거나 의문을 품은 경우들을 말한다. 이는 너무나 당연한 일이다. 생산적인 회의를 위해서는 반대 의견을 자유롭게 말할 수 있는 문화를 만드는 것이 중요하다. 그러나 이런 회의 문화를 만드는 일은 질문하는 문화를 만드는 일보다 몇 배는 더 많은 노력이 필요하다. 잘못된 방식으로 반대 의견을 냈다가는 직원끼리, 나아가 부서끼리 관계가 틀어질 수도 있기 때문이다.

특히 수직적 구조로 이뤄진 회사일 경우 이런 문화를 갖추기가 더 어려울 수 있다. 팀장의 의견에 반대하는 의견을 눈치 보지 않고 자유롭게 말할 수 있는 팀원은 생각보다 많지 않다. 이는 팀원의 잘못이 아니라 관계에서 오는 불편함이 가장 큰 원인이라고 할 수 있다.

사내 소통이란 직원들의 직언과 리더들의 경청에서 시작된다. 그러나 실제로는 그 반대 방향으로 소통하는 경우가 흔하다. 직원들의 직언을 격려하고 받아들이는 경우는 생각보다 흔치 않다. 대부분 결정은 리더가 내리고 직원들은 이 결정에 따라 실행하는 방식으로 업무가 이뤄진다. 이를 톱다운 경영이라고도 하는데, 리더의 신속한 의사결정과 직원들의 실행력이 더해져 목표를 빠르게 달성할 수 있다는 장점이 있다. 하지만 실무자들의 의견이 리더들에게 전해지기 어렵다는 단점이 있다.

이런 소통 방식은 리더가 확실한 비전과 직원들의 사기를 유지할 만한 리더십을 갖고 있다면 무엇보다 효율적인 경영 방식일 수 있다. 그러나 요즘같이 빠르게 변화하는 시장 상황을 가장 잘 아는 사람은 다름 아닌 실무자라는 점을 잊어서는 안 된다. 그들의 의견을 무시한다는 건 가장 중요한 정보를 놓치는 것과 같다. 따라서 직원들이 자유롭고 편안하게 의견을 내고 주장할 수 있는 문화를 만들어야 한다. 설령 리더들의 의견과 반대되는 생각일지라도 말이다.

에스컬레이션 테크닉으로 중재를 요청하라

반대 의견을 자유롭게 말하는 문화가 아마존에 자리 잡는 데는 에스컬레이션 테크닉(escalation technic)의 공이 컸다. 간단하게 설명하자면 '본인이 해결할 수 없는 문제를 팀장에게 전달해 대신 결정해달라고 요청하는 방법'이다.

어떻게 보면 '내가 할 수 없으니 당신이 대신 해달라'고 말하는 것 같아 처음에는 다들 꺼리는 방법이다. 특히 타 부서와 의견 충돌이 있을 때는 팀장에게 중재를 부탁하는 것보다 본인 선에서 마무리하려는 사람들이 많다. 아무래도 자신이 해결하지 못하면

〔에스컬레이션 테크닉〕

의견이 맞지 않을 때 각자의 팀장에게 보고해 그들이 결정하게 한다. 이것은 '이른다'는 개념이 아니라 에너지 낭비를 줄일 수 있는 효율적인 방식이다.

능력을 의심받을 수 있다고 생각하기 때문이다.

하지만 아마존의 상사들은 절대 그렇게 생각하지 않는다. 오히려 에스컬레이션 테크닉을 적절하게 사용하는 직원이 일을 잘한다고 믿는다. 예를 들어 프로젝트 진행 중 나는 A라는 방식을 선택했지만 유관 부서는 이에 반대하며 B라는 방식을 권유했다고 하자. 각 방식에는 확실한 장점과 단점이 있고 데이터나 논리에 따라 어떤 게 더 좋다고 결정을 내릴 수 있는 상황이 아니다.

이때 처음에는 나는 상대방을 설득하기 위해 노력할 것이다. 그리고 상대방도 마찬가지일 것이다. 그러나 설득이 되지 않는다면 점차 서로 언성을 높일 것이고, 결국 감정이 상한 상태로 결정을 내릴 수 있다. 결론은 내렸지만 협업하는 입장에서 껄끄러운 상황이 연출되고 스트레스를 받는 것이다.

여기서 에스컬레이션 테크닉을 사용한다고 해보자. 처음에 서로 반대되는 의견을 확인하고 누구 하나 생각을 바꿀 마음이 없다면 누가 옳다는 설전을 벌이기보다 바로 각자의 팀장에게 현상황과 각 방식이 갖는 장단점을 써서 보낸다. 그러면 팀장들은 그들의 의견을 바탕으로 논의해서 최종 결정을 내려준다. 담당자들은 그 결정에 따라 다음 사항으로 넘어가면 된다. 이렇게 하면 스트레스가 줄어들 뿐만 아니라 불필요하게 사용되는 에너지와 시간 낭비를 줄일 수 있다.

공과 사를 확실하게 구분하라

의견을 말할 때 공과 사를 확실하게 구분하는 게 좋다. 정말 친한 사이여도 본인의 생각과 반대되는 의견이 생겼을 때는 그저 흘려보내지 말아야 한다. 이럴 때는 사회적 관계도 전부 내려놓고 본인의 의사를 자유롭게 표현하는 게 중요하다. 그래서 아마존에서는 "나는 이 부분에 대해 동의하지 않아"라는 표현을 자주 들을 수 있다.

한번은 미국에서 오프사이트를 진행한 적이 있었다. 같은 부서 내에 있는 PM들이 모여 각자의 프로젝트에 대해 설명하고 어떤 방식의 고객경험을 생각하고 있는지 적은 글을 공유했다. 이들은 나와 오래된 동료이자 회사 밖에서도 만나 술잔을 기울이는 좋은 친구들이었다.

그러나 회의가 시작되자 주저하지 않고 각자의 의견을 내기 시작했다. 잘한 부분에 대해서는 칭찬을 하고, 반대되는 의견이나 의문이 있다면 폭풍처럼 질문했다. 이때 글을 쓴 담당자가 구체적인 답을 주지 못할 경우에는 끝까지 파고들어 담당자가 놓치고 있는 부분을 깨닫도록 도와주었다.

제3자의 입장에서 이 회의를 봤다면 마치 우리가 싸우고 있다고 생각했을 수도 있다. 그 정도로 열정적인 분위기였다. 그러나 정해진 시간이 끝나자마자 우리는 회사에서의 직급과 서열을 잊고 다시 술 마시고 농담하는 친한 동료로 돌아갔다.

여기서 중요한 점은 누군가가 반대 의견을 말한다면 이를 정말 '의견'으로만 받아들여야 한다는 점이다. 듣는 입장에서도 상대방의 의견에 사적인 의미를 둔다면 감정적이 되기 쉽고 건강하지 않은 토론이 될 수 있다. 게다가 일에서도 좋지 않은 결과를 가져올 가능성이 높다.

아마존에서는 리더십 원칙에 따라 누구나 반대 의견을 내는 걸 독려한다. 반대 의견 내는 것을 리더의 덕목이라고 강조하기에 그런 문화가 자연스럽게 회의에 녹아들었다. 하지만 더 중요한 건 리더들이 반대 의견이 갖는 힘에 대해 잘 알고 있다는 것이다. 그들은 반대 의견을 들을 때도 감정적으로 받아들이지 않고 직원들의 직언을 경청하려고 노력한다.

또한 솔직한 의견을 말해준 것에 대해 진심으로 고마워한다. 반대 의견에 충분한 논리와 데이터가 뒷받침되어 리더의 의견이 잘못되었다는 게 확인되면 이들은 자존심을 앞세우지 않고 본인이 틀렸다는 걸 곧바로 인정한다. 그리고 올바른 의견을 내준 것에 대해 감사함을 표한다.

이런 태도 덕분에 아마존에서는 반대 의견을 내는 문화가 자연스럽게 자리 잡을 수 있었다.

상하관계를 없애는 게 답일 수 있다

아마존의 소통에는 상하관계가 없다. 새로운 서비스를 론칭하고 얼마 후 부사장에게 새로운 고객경험과 관련된 질문을 메일을 통해 받은 적이 있다. 나 또한 메일로 답변을 보내려 글을 쓰다가 동료에게 어떻게 서두를 시작하면 좋을지 물었다. 그런데 동료가 알려준 답변의 첫 시작은 '부사장님, 안녕하십니까'처럼 직급을 붙이는 게 아닌 'Hi Jake(가명)'였다. 아무래도 그전까지 국내 기업에서 근무했었기 때문에 이렇게 가벼운 느낌으로 메일을 보내도 되는지 한참을 고민했던 기억이 있다.

아마존에서는 직급과 상관없이 이름을 부르고 모두 같은 언어를 사용하여 소통한다. 물론 영어에 존댓말이 없고 나이에 대한 개념도 다르기 때문에 이런 소통이 가능하다고 생각한다. 또한 이는 아마존뿐만 아닌 영어를 사용하는 많은 기업들에서도 똑같은 모습일 것이다.

아마존 소통에서 가장 중요한 점은 내용을 정확히 전달하는 것이다. 물론 그렇다고 해서 친구와 대화하는 것처럼 소통한다는 건 아니다. 어느 정도의 매너는 지키되 전달하고 싶은 내용은 무엇인지 그리고 그 내용을 뒷받침하는 근거들은 충분히 있는지 고민하는 게 더 중요하다.

그래서일까. 팀장과 팀원의 관계이지만 회사 밖에서는 친구처럼 지내는 경우도 많다. 팀장이 가자고 해서 주말에 등산을 가는 그런 모습이 아닌 실제로 출장을 같이 다니며 친해진 사이들이 있다. 그들은 날씨가 좋은 주말에 만나 바비큐 파티를 하거나 스포츠 경기를 보기도 한다.

결정을 내리면 헌신적으로 지지하라

아마조니언은 자유롭게 질문하고 반대하되 자신의 생각이 틀렸다는 걸 자각하는 순간에는 변명 없이 인정한다. 항상 소신을 갖고 있지만 고지식하지 않고 언제든 본인 생각이 틀릴 수도 있음을 잊지 않는다(146쪽 '아마존 리더십 원칙 06 리더는 '많이' 옳다'를 보라). 또한 본인이 동의하지 않는 다른 의견으로 결정되었다면 프로젝트 성공을 위해 그 결정을 헌신적으로 밀어줄 수 있어야 한다. 이런 마음가짐을 갖는다는 건 생산적인 회의를 하기 위한 첫걸음이다.

직급이 높은 임원이라도 예외는 없다. 내가 참석했던 회의에서 한 임원이 프로젝트 방향성에 대한 질문을 던진 적이 있었다. 그는 경험상 지금 결정한 방식이 아닌 다른 방식을 택하는 게 더 효율적이라고 생각했기 때문이다.

물론 그의 경험은 중요하다. 하지만 이번 프로젝트의 경우 과거의 프로젝트와는 확실한 차이가 있었다. 나는 데이터를 포함한 근거들을 바탕으로 그 차이를 설명하고 왜 그의 조언이 이번에는 통할 수 없는지 설명했다. 그러자 그 임원은 생각이 짧았던 것 같다며 바로 말을 거두겠다고 했다.

그는 충분한 경험과 확고한 신념이 있음에도 불구하고 다른 사람의 의견을 들어줄 준비가 돼 있었다. 다른 기업에서는 흔히 볼 수 없었던 리더의 모습을 보며 그가 왜 아마존의 임원이 될 수 있었는지 새삼 깨달았다. 항상 자신이 옳다고 생각하는 리더가 아닌 다른 사람의 목소리에 귀 기울이며 옳은 선택을 하려는 모습은 진정한 리더십이 무엇인가를 생각하게 했다.

05

토론이 끝난 후에도
각자의 역할이 있다

회의의 마침표를 잘 찍는 법

회의가 끝나면 주최자는 논의를 마무리하고 대화 내용을 요약한다. 혹시 결론을 내리지 못했다면 어떤 방식으로 결론에 도달할것인지 설명한다. 예를 들어 언제 다음 회의가 있을 거라고 공지할 수도 있고 누군가에게 추가적인 정보를 확인해달라고 요청할수도 있다.

결론이 없다고 해서 실패한 회의인 것은 아니다. 시간이 부족했을 수도 있고 정보가 부족했을 수도 있다. 회의에서 결론이 나지않았다고 해서 초조해할 필요는 없다. 다만 회의에서 결론을 내리지 못했다면 다음 단계 업무와 그 담당자를 지정해야 한다.

참석자들에게 확실한 업무를 배정해주지 않으면 그들은 각자 일과로 돌아가 다른 일들을 하기 바쁠 것이다. 따라서 주최자는 필요한 부분을 맡아줄 수 있는 참석자들을 담당자로 지정해 정해진 기간까지 결과물을 요청해야 한다.

회의록 작성은 오래 끌지 않는다

회의가 끝나면 일단 빠른 시일 내에 회의록을 작성해서 메일로 보낸다. 언제까지 보내야 한다는 기한은 정해져 있지 않지만 가능하다면 다음 날 바로 회의록을 공유해서 모든 사람이 회의에서 논의한 내용을 잊지 않도록 한다. 물론 무조건 그래야 하는 건 아니지만 회의록을 공유하지 않으면 회의 내용이 사람들의 기억 속에서 금세 사라질 수 있다.

많은 기업에서 막내 팀원에게 회의록을 맡기곤 한다. 아무래도 가장 긴장된 상태로 모든 사람의 말을 집중해서 듣다 보니 팀원들에게는 좋은 교육이 될 수도 있다. 하지만 아마존은 다르다. 회의를 주최한 사람, 준비에서 진행까지 책임을 맡아 한 사람이 회의록을 담당한다.

회의록이라고 해서 거창한 글을 기대하는 건 아니다. 회의 중 다뤘던 내용 중 회의 목적과 관련된 핵심 내용들을 적으면 된다. 그리고 아무리 간단한 결론이라도 회의록에 기록해서 모든 사람에게 공유해야 한다. 그래야 추후 오해하거나 잘못 알고 진행하는 일이 없다.

 회의록은 이렇게 씁니다

- **제목:** [회의록] 사내 서버 증축 제시안 검토 건
- **참석 인원:** 재무팀 김재명 부장, 기술팀 신효식 부장
- **내용**
  - 두 부서 모두 첫 번째 제시안 AWS 클라우드 도입이 기술적으로 안정적이며 경제적으로도 효율적이라는 의견. 특히 기술팀 인력을 제품 개발 쪽으로 전환해 인원 절감 효과 기대.
  - 클라우드 도입을 위해 기존 서버 버전 확인 필요. 신 부장은 5월 1일까지 담당자와 확인 후 회신 필요.
  - 클라우드 도입 시 이미 구축된 서버는 어떻게 할 것인가. 처분할 경우 발생할 비용과 재판매를 통해 얻을 수 있는 수익 확인 필요. 김 부장은 5월 15일까지 자재팀 최 부장과 확인 후 회신 필요.

회의록은 비효율적 소통을 줄여준다

간결해 보이지만 회의록이 갖는 힘은 매우 크다. 우선 이 기록은 어딘가에 남아 다른 누군가에게 중요한 정보가 된다. 일하다 보면 예전 회의 중 다뤘던 일과 관련된 업무를 하는 경우가 있다. 그때마다 사람들은 "무슨 결론을 지었더라?"하며 헷갈려한다. 이럴 때 회의록이 있으면 여러 사람에게 물어볼 필요 없이 손쉽게 정보를 습득할 수 있다. 그러나 회의록이 없으면 일일이 연락을 돌리며 정보를 하나씩 맞춰가야 한다.

다음으로, 회의록은 회의에 참석하지 못한 사람들에게 회의 중 어떤 대화가 오갔는지 업데이트를 해준다. 정말 중요한 회의가 아닌 이상 필요한 사람들이 전부 참석하는 회의는 찾아보기 쉽지 않다. 그렇기 때문에 참석하지 못한 이들에게 회의록을 공유해서 업데이트를 하고 잘못된 정보가 있다면 정정할 수 있는 기회를 제공한다.

별것 아닌 듯 보이지만 회의록은 회의에 마침표를 찍는 업무다. 주최자 역시 회의에서 오간 대화들을 다시 한번 정리해보며 목적에 얼마나 근접했는지 돌이켜보는 시간이 될 수 있다. 이 과정을 통해 회의를 준비할 때부터 마칠 때까지 부족한 점은 없었는지 고민해보고 개선점을 고민하면 더 좋은 회의를 진행할 수 있는 능력도 생긴다.

비효율적인 소통은 무조건 낭비다

기업이 효율성을 극대화하기 위해서는 사실상 회의를 없애는 문화를 만들어야 한다. 좋은 회의 문화에 대해 이야기하면서 회의를 없애야 한다니, 이해가 안 될 수도 있다. 하지만 회사 차원에서 가장 좋은 방향은 회의를 없애는 것이다(148쪽 '아마존 리더십 원칙 07 발명하고 단순화하라'를 보라). 시간을 지나치게 많이 잡아먹는 긴 회의, 안건이 없는데도 모이는 회의는 불필요한 비용이다. 직원의 시간을 빼앗고 결국 중요한 업무 시간을 갉아먹는 돈 낭비다.

　생각보다 회의를 대체할 수 있는 방식은 많다. 메일이나 짧은 통화로 결정을 내릴 수도 있고 소프트웨어 툴을 활용할 수도 있다. 하지만 사람들은 결국에는 가장 익숙한 방식으로 돌아가 회의실에 모이곤 한다.

회의가 필요한 이유부터 고민하라

회의를 많이 한다고 해서 업무의 질이 무조건 향상되는 것은 아니다. 야근을 많이 하는 직원이 일을 잘하는 직원이라고 보는 것과 같이 이는 잘못된 사고방식이다. 물론 타 부서와 잦은 협업으로 회의를 많이 해야 하는 사람도 있다. 하지만 필요 이상의 회의를 주최하거나 참석해서 자리만 빛내주는 사람도 있다.

이는 회사 차원에서 불필요한 비용이며 부서 차원에서는 생산성 저하의 가장 큰 원인이 된다. 그렇기에 회의를 주최하는 사람이라면 끊임없이 '이 회의가 정말 필요할까?'라는 질문을 던져야 한다. 또한 참석자 역시도 회의의 목적이 불분명하다면 이 회의의 필요성에 대해 의문을 던져봐야 한다.

입사 초기에 부서의 많은 회의를 맡아서 진행한 적이 있었다. 팀장은 업무를 빠르게 배우는 방법 중 하나가 직접 회의를 주최하는 것이라며 본인이 담당하던 회의까지 전부 넘겨주었다. 그런데 일정 기간이 지나며 보니 한 회의가 유독 일찍 끝난다는 사실을 깨달았다. 확실한 회의 목적이 있었고 필요한 참석자들이 모두 참여하는 회의였지만 정해놓은 의제를 전부 다뤄도 한 시간짜리 회의는 매번 일찍 끝났다.

그렇게 이 회의의 필요성에 대해 의문을 갖게 되었다. 회의를 없애야 할까 고민하다가 참석자들을 대상으로 간단한 설문 조사를 했다. 익명으로 회의의 필요성에 대해 답하게 했고, 유지한다고 했을 때 적절한 회의 시간이나 빈도에 대해서도 물어봤다. 참석자들은 회의를 통해 얻는 게 많았기에 회의를 유지하기를 원했다. 결국 의견을 종합해서 회의 시간을 한 시간에서 30분으로 줄이고 빈도를 주간 회의에서 격주 회의로 변경했다.

이 경험을 통해 단순히 내 생각만으로 회의의 필요 여부를 결정하는 건 옳지 않음을 깨달았다. 그 후 주기적으로 설문 조사를 하며 회의의 시간 및 형식을 변화시켰다. 어떻게 보면 사소해 보이는 이 과정을 통해 참석자들이 중요하다고 생각하는 회의에 대해 알 수 있었다. 그리고 참석자 하나하나의 의견을 듣고 반영하는 나의 태도에 다른 부서 팀원이 신뢰가 간다며 좋은 평가를 해주기도 했다. 따라서 토론이 끝나면 항상 '이 회의가 정말 필요한 것이었는지' 고민해보고, 줄일 수 있는 회의라면 과감히 없애는 것도 방법이다.

결국 회의란 사람들이 모여 의견을 모으는 자리다. 따라서 각자의 입장과 생각을 최대한 반영하는 방향으로 함께 만들어가는 것이 옳다고 생각한다.

06 다양한 국가의 직원들과 협업한다

많은 직원이 한 곳에 모여 빠르게 결정하는 오프사이트

큰 프로젝트를 위한 오프사이트

아마존에는 다양한 국가에서 근무하는 직원들이 협업하는 경우가 많다. 나 역시 미국, 유럽, 중국, 인도 등 다양한 국가에서 근무하는 직원들과 매일같이 소통하며 일한다. 그런데 아무리 화상 시스템이 발전했다고 해도 비대면 회의는 어려움이 있기 마련이다. 논리와 데이터를 기반으로 대화해도 사람들이 하는 일이다 보니 서로를 완벽하게 이해하기는 쉽지 않다.

직원들은 각자 바쁜 일정이 있기 때문에 오랜 시간 복잡한 의제들을 다룰 수가 없다. 보통 한 시간 동안 회의를 하면 의제를 구체적으로 다룰 수가 없고 결국 다음 회의를 잡기로 결성하며 회의를 마무리한다. 이 과정이 반복되면 프로젝트의 진행 속도가 느려질 뿐만 아니라 직원들 역시 피로감을 느낀다. 따라서 복잡한 프로젝트를 시작하기 전이나 로드맵을 결정하기 전 담당자들을 한곳으로 모아 오프사이트를 진행한다.

오프사이트 회의란 보다 큰 목적과 의제들을 가지고 일주일 정도 한 국가의 사무실에 모여 실무자들이 여러 회의들을 통해 빠르게 결론을 도출하는 회의다. 보통은 큰 프로젝트를 시작하거나 다음 해 진행할 프로젝트들을 검토하기 전 오프사이트를 진행한다.

시애틀 아마존의 상징인 스피어. 코로나 사태 전에는 매년 방문했다.

아마존 리더의 해외 출장

한번은 유럽에 출장 온 타사의 지인과 만난 적이 있었다. 관련 업체들과 협의를 하러 온 그의 하루 일정은 하나뿐이었고 나머지 시간은 관광을 했다고 했다. 당시 그는 출장 중에는 자유로운 시간이 주어져 재충전할 수 있어 좋다고 했다.

그때만 해도 출장을 가본 적이 없었던 나는 괜히 부럽다는 생각을 했다. 다양한 나라들을 다니며 법인카드를 사용하는 그를 보며 국제적인 비즈니스맨처럼 생각했던 것 같다. 하지만 시간이 흘러 돌이켜보니 부럽다는 생각보다는 회사 경비가 아깝다는 생각이 먼저 든다.

아마존 오프사이트에서는 관광을 기대하기 어렵다. 일단 오프사이트에 가기 전 확실한 목적을 정하고 그 목적을 달성하기 위한 회의들로 일정을 가득 채운다. 그리고 시차와 상관없이 보통 도착 다음 날 아침부터 회의가 시작되고 가능하면 점심도 회의 중 먹을 수 있도록 준비해 마라톤 회의를 이어간다. 말하자면 비싼 경비를 내고 타지에 출장 온 만큼 성과를 내겠다는 목표가 확실하다.

그렇다고 해서 정말 주구장창 일만 하다 가는 건 아니다. 하루를 꽉 채운 긴 회의를 마치고 나면 저녁에 한자리에 모여 회포를

푼다. 아무래도 비대면 회의로만 만났던 동료를 직접 보다 보니 피곤한 와중에도 회식 자리를 가진다. 물론 참석 여부는 개인의 선택이다. 이 시간을 통해 서로에 대해 더 알아가고 회사 밖에서도 좋은 친구가 된다.

이처럼 관계가 형성되면 추후 업무를 하는 데도 많은 도움이 된다. 궁금한 것이 있거나 도움이 필요할 경우 더 쉽게 연락할 수 있고 상대방 역시 도와주려고 노력한다. 별것 아닌 듯하지만 이런 관계 형성은 프로젝트를 진행하는 데 훌륭한 팀워크의 기반이 된다.

오프사이트에서 볼 수 있듯이 출장 중에 적용되는 아마존의 리더십 원칙은 '절약하라'다(199쪽 '아마존 리더십 원칙 11 절약하라'를 보라). 아마조니언들은 불필요한 경비는 쓰지 않으려고 노력한다. 예를 들어 직급과 상관없이 이코노미 좌석을 이용한다거나 굳이 비싼 호텔에서 투숙하려고 하지 않는다.

나는 세 번의 환승을 해가며 출장을 간 적도 있다. 다시 생각해보면 그땐 너무 심했던 것 같긴 하다. 물론 누구나 편한 비즈니스 좌석을 타고 출장 가기를 원한다. 하지만 아낄 수 있는 부분에서는 절약해서 고객에게 돌려주자는 원칙이기에 사람들은 큰 불만 없이 이를 따르고 있다.

규모보다는 효율성을 추구하라

큰 오프사이트를 직접 주최하기도 했고 다른 부서의 오프사이트에 참석할 기회도 많았다. 그리고 그 경험들을 통해 좋은 오프사이트란 무엇일까 생각했다.

먼저 좋은 오프사이트가 되려면 회의실에 딱 필요 인원만 있어야 한다. 보통 많은 사람이 모여 있으면 더 다양하고 좋은 의견이 나올 것이라고 생각한다. 하지만 회의는 목적, 시간, 전문성에 따라 필요한 인원수가 정해져 있다. 그 이상 초과하면 회의의 질이 떨어진다.

회의를 진행하면 어쩔 수 없이 참석한 사람들의 목소리를 전부 들어보는 상황이 벌어진다. 한자리에 모여 의견을 들어보는 일에 누군가의 의견은 덜 중요하다며 무시할 수는 없다. 그렇기에 너무 많은 사람이 있으면 필요 이상으로 시간을 들이게 된다. 꼭 필요한 이들만 모아 그들의 의견을 더 깊이 들어보는 게 회의에 훨씬 도움이 된다.

그러나 오프사이트를 한다는 소문이 나면 참석하고 싶다는 요청이 끊임없이 들어온다. 참석해서 목소리를 내고 싶어 하는 사람도 있고, 같이 일했지만 한 번도 본 적이 없기에 이번 기회에 네트워킹을 하고 싶어 하는 사람도 있다. 또한 부서 동료를 데려와 회의에 참석시켜 배움의 기회를 주고 싶어 하는 경우도 있다.

오프사이트를 주최하는 사람은 참석 인원의 상한선을 정해놓고 확실한 태도를 보여야 한다. 어떻게 보면 냉정할 수도 있는 선택이다. 하지만 결과적으로 배우고 싶은 사람들은 오프사이트에 참석해 들을 수 있고, 토론해야 할 사람들은 각자의 의견을 내는 데 집중할 수 있다.

한편 회의에 참석하는 사람들은 회의에서 기대하는 바를 사전에 생각해두어야 한다. 주최하는 사람이 미리 글을 준비하고 회의를 진행한다면 참석하는 사람들 역시 준비된 상태로 오프사이트에 참석해야 한다.

예를 들어 다음 해 진행할 프로젝트에 대해 다 같이 리뷰하는 회의라고 가정해보자. 이 경우 PM팀은 어떤 제품을 만들고 사용자들은 어떤 경험을 할 것인지 구상한 글을 준비한다. 그리고 회의에 참석할 유관 부서들은 오프사이트 전 내년 로드맵을 확인하고 어디까지 지원해줄 수 있는지 확인한 다음에 오프사이트에 참석해야 한다.

물론 회의 중에 최종 결정을 짓는 것은 아니다. 오프사이트가 이틀이라면 하루 반나절 정도는 글을 읽으며 토론을 하고, 나머지 반나절을 활용해 구체적인 계획을 확정할 수도 있다. 이로써 단순히 주최자들이 프로젝트를 통보하는 형식이 아닌 참석자들이 함께 결론을 내는 데 도움을 줄 수 있는 시간이 된다.

또한 오프사이트를 주최한다고 해서 담당자가 모든 회의를 진행할 필요는 없다. 참석 부서 중 중요한 정보를 알고 있는 부서라면 오프사이트 기간 중 몇 개의 세션을 담당해달라고 요청할 수도 있다.

준비된 열정은 회의를 성공으로 이끈다

나는 아마존에서 근무하며 많은 오프사이트에 참석했다. 한번은 일방적으로 참석하는 것이 아닌 내가 직접 시애틀에서 오프사이트를 주최한 적이 있었다. 필요하다고 생각했던 15명만 뽑아 진행하려고 했지만, 참석하고 싶다는 사람들이 많아 토론 인원 20명 그리고 관전 인원 20명으로 결정했다.

내가 주최하는 오프사이트는 다음 해 우리가 만들어야 할 제품들이 무엇이며 왜 이 프로젝트들이 중요한지 공유하고 피드백을 받는 시간이었다. 아무래도 프로젝트를 진행하려면 다양한 부서들과의 협업이 필요했기 때문에 유관 부서의 지원 여부와 걱정되는 부분을 알고자 했다. 그렇게 2박 3일 일정으로 전 세계에 있는 동료들을 불러 모았고, 나는 그들과 함께 오프사이트 동안 읽을 글들을 작성해야 했다.

오프사이트 개최 전, 모든 글을 만족할 만한 수준으로 완성해야 하지만 아무래도 글이란 읽을 때마다 고칠 부분이 생기기 마련이다. 특히 내가 주최한 오프사이트의 경우 실무자뿐만 아니라 각 부서의 디렉터들도 모두 초대했기 때문에 글의 수준을 더욱 바 레이징(글의 완성도를 높이는 작업)해야 한다고 생각했다.

아무튼 그런 걱정에 출장 가는 비행기에서도 영화를 보거나 잠을 청할 수 없었다. 어두워진 비행기 안에서도 노트북을 켰고 혹여 큰 소리가 나지 않을까 조용히 타이핑했다(150쪽 '아마존 리더십 원칙 08 최고의 기준을 추구하라'를 보라). 환승을 기다리는 동안에도, 호텔에 도착한 후에도 끊임없이 글을 읽고 또 읽었다. 한편으로는 생각했던 출장과는 너무 다른 모습이라 아쉬움도 있었지만 다른 한편으로는 이렇게 열정적으로 회의를 준비해본 적이 있었나 하는 생각도 들었다.

오프사이트는 사흘 동안 진행됐다. 첫날은 담당자들이 각자 소개하며 시작됐다. 회의를 주최한 내 입장에서는 전부 아는 사람들이었지만 모르는 팀들도 있기 때문에 사전에 자기소개를 하며 회의실 분위기를 가볍게 풀었다. 화상으로 매일 대화를 나누는 사이였음에도 불구하고 실제로 만나자 몰라보는 경우도 있었다.

소개가 끝나고 나는 오프사이트 주최자로서 사흘 동안 어떤 순서로 회의가 진행될 것인지 설명했다. 회의의 순서는 주최자의 권한이다. 그렇다고 마음대로 순서를 정하는 것은 아니다. 보통은 꼭 필요한 인원이 누구인지 확인하고 그들이 참석할 수 있는 시간을 확인한 다음 회의 순서를 잡는다.

물론 모든 인원이 오프사이트 기간 동안 모든 회의에 참석하면 좋겠지만 몇몇은 업무 때문에 회의실을 비워야 하는 경우도 있다. 그렇기에 가령 법무팀이 꼭 필요한 주제들이 있다면 같은 날 오전이나 오후로 관련 회의들을 몰아 법무팀 인원이 전부 참석한 상태에서 회의를 진행할 수 있도록 순서를 잡는다.

회의가 시작되면 다른 아마존 회의와 같이 각 회의 주최자가 준비된 글을 공유한다. 정해진 시간 동안 글을 읽고 참석자들의 의견을 받으면서 회의가 진행된다. 당시 오프사이트의 목적은 다음 해 진행하는 프로젝트의 가능성 여부를 확인하고 각 부서별로 지원이 가능한지 확인하는 것이었다. 그렇기 때문에 각 프로젝트를 담당하는 사람들은 글에 프로젝트에 대한 설명과 어떤 지원이 필요한지 상세한 정보를 담았다.

다행히 오프사이트는 성공적으로 끝났다. 물론 디렉터들의 반대 의견들도 등장해서 식은땀을 흘리며 왜 이 프로젝트가 중요한지 한참을 설명하기도 했다. 하지만 이를 제외한다면 참석했던 디렉터 및 동료들 역시 좋은 피드백을 주었고 주요 사항들에 대해 동의를 얻어냈다. 덕분에 원하는 목적을 전부 이루고 가벼운 마음으로 유럽으로 돌아올 수 있었다.

오프사이트를 준비하며 많은 에너지를 소모했기에 차라리 평소처럼 출근하는 게 더 편할 것 같다는 생각도 들었지만 아마존의 오프사이트가 지닌 위력을 확실히 깨달았던 것 같다. 만일 화상으로 같은 주제를 가지고 유관 부서의 동의를 이끌어내야 했다면 몇 달이 걸렸을 수도 있다. 하지만 담당자들이 한자리에 모여 프로젝트들을 구체적으로 검토하고 부족한 부분이 없는지 의견을 낼 수 있었기에 보다 빠르게 다음 해 프로젝트들을 확정할 수 있었다. 뿐만 아니라 오프사이트를 통해 언급된 프로젝트를 시작할 때 회의에 참석했던 유관 부서 담당자들은 아무래도 더 자세한 내용들을 알고 있던 터라 더 많은 도움을 주려고 했다.

오랜 준비로 체력적으로는 힘들었지만 그만큼 역량을 더 끌어올리고 열정적인 회의로 좋은 성과를 낼 수 있었던 경험이었다.

아마존
리더십 원칙

03

깊게 파고들어라
Dive Deep

리더는 깊게 파고들어 모든 단계의 업무를 세부 사항까지 놓치지
않으며 자주 감사(검사)하고 수치와 고객의 일화가 다를 때 예민
해진다. 그 어떤 업무도 사소하게 여기지 않는다.

훌륭한 리더들은 구체적이고 세심하다. 회사 생활을 하다 보면
높은 직급의 리더에게 보고할수록 내용을 간단하게 정리하려고
한다. 아무래도 직급이 높다 보니 너무 세세한 정보까지는 공유
하려고 하지 않는다.

그러나 아마존의 리더들은 디테일에 강하며 세세한 부분까지
알고 싶어 한다. 문제가 발생했을 때 단순히 원인을 파악하고 해

결책을 알고 싶어 하는 게 아니다. 어떤 시스템에 문제가 있었고 이를 방지하기 위한 메커니즘은 무엇이며 고객들은 이에 대해 어떤 피드백을 주었는지 물어본다.

그런 다음 담당자와도 꾸준히 소통하면서 개선 방안을 함께 마련하려고 노력한다. 잘못을 물어보는 게 아니라 이 일을 통해 배울 수 있었던 점은 무엇인지 물어보고, 이를 바탕으로 개선 방향을 잡아가도록 도와주는 것이다.

제품마다 '내용 전문가(Subject Matter Expert, SME)'라고 불리는 사람들이 있다. 보통 제품을 담당하는 PM이 그런 역할을 한다. 제품을 구성하는 시스템을 알고 제품을 사용하는 고객들은 누구이며 제품에 대한 고객의 생각은 무엇인지 파악하고 있는 사람들이다.

그런데 최근 매니저와 함께 우리 팀에서 내용 전문가라고 불릴 수 있는 사람은 누가 있을지에 대해 이야기를 나눈 적이 있다. 초기부터 제품을 담당해온 나를 제외한다면 누가 있을지 한동안 대화를 나눴다. 그리고 흥미롭게도 팀 내 동료가 아닌 부서를 총괄하고 있는 디렉터라는 결론을 내렸다.

그 총괄 디렉터는 제품, 서비스, 세일즈 및 마케팅 팀을 담당하지만 각 제품과 그 구체적인 사안까지 모르는 게 거의 없었다. 그는 제품에 변화를 주거나 신규 서비스를 론칭할 때도 고객 반응을 직접 테스트하며 고객경험을 확인한다. 또한 각 시스템들이 어떻게 연관되어 있는지도 잘 알고 있다. 가끔 그가 던지는 세세한 질문에 놀란 적도 많다.

　누군가는 "내가 이 정도 직급에 올랐는데 그런 것까지 알아야 하나?"라며 반문할 수도 있다. 하지만 리더들이 현장의 디테일을 잘 알고 있는 게 당연한 일이라는 생각도 든다. 부서의 방향키를 잡고 가장 높은 위치에서 바라보는 사람이라면, 필요에 따라 방향키를 조정해야 하는 사람이라면 그 누구보다 많은 내용을 잘 알아야 하지 않을까?

아마존
리더십 원칙

04

크게 생각하라
Think Big

리더는 큰 그림을 그릴 줄 알아야 한다. 다양한 일의 진행과 비전에 대해 작게 생각하면 자기충족적 예언(Self-Fulfilling Prophecy)으로 이어질 수 있다. 말이 씨가 된다는 말처럼 작게 생각하면 정말 그만큼의 작은 결과만 얻는다.

아마존의 리더는 결과에 영감을 주는 대담한 방향을 생각해내고 전달한다. 그들은 다르게 생각하고 누구보다 먼저 고객에게 새로운 서비스를 제공하는 방법을 떠올린다. 누구보다 먼저 트렌드를 읽고 고객이 말하지 않더라도 그들이 원하는 것을 제공해야 하기 때문이다. 그리고 그 시작에는 '크게 생각하라'는 원칙이 있다.

회사 생활을 하다 보면 안정기라는 게 온다. 특히 잘 만들어진 제품이 있고 이를 꾸준히 활용하는 고객들이 있다면 더욱 그렇다. 추가적인 개선이 필요함에도 직원들은 제품을 유지하는 데 더 많은 공을 들인다. 신규 제품을 만들 때도 기존에 정립해놓은 제품의 기준이 있다면 이를 바탕으로 제품을 만들게 된다. 기본 원리에 약간의 변화를 도모하는 것이 안전한 선택이라고 믿기 때문이다.

하지만 이런 방식으로 일을 진행하면 언젠가는 포화 상태에 접어든다. 제품을 개선하는 일에도 한계점이 보이고 예전만큼 고객 사용량을 볼 수 없게 된다. 특히 트렌드가 빠르게 변화하는 소프트웨어 업계에서는 작게만 생각해서는 금세 뒤처질 수 있다.

리더는 작은 것에 만족하지 않고 항상 크게 생각하며 살아야 한다. 같은 의미로 '10배로 생각하라'는 말이 있다. 제품 성능이나 사용자를 10퍼센트 늘리는 방법을 고민하지 말고 10배로 개선할 수 있는 가능성에 집중하자는 것이다. 이를 원칙으로 삼고 실천한다면 정말로 높은 목표에 도달하거나 그조차 넘어선 자신을 언젠가 마주할 것이다.

소신을 갖고
반대하되
결정에 헌신하라

**Have Backbone;
Disagree and Commit**

아마존의 리더십 원칙 다섯 번째는 '소신을 갖고 반대하되 결정에 헌신하라'다. 리더들은 어떤 의견에도 정중하게 이의를 제기할 의무가 있다. 설령 반대했기 때문에 불편해지거나 힘들더라도 말이다. 리더들은 강한 신념을 갖고 있으며 완강하다. 그들은 사회적 관계를 이유로 쉽게 타협하지 않는다. 그러나 한번 결정된 사안에는 전적으로 헌신한다.

자신의 생각을 자유롭게 펼치되 결정된 사항에 대해서는 믿고 따라야 한다는 말이다. 생각해보면 반대 의견을 던져야 한다는 이 원칙은 입사 후 내가 가장 힘들어했던 원칙 중 하나였다.

설령 직속 팀장이어도 그 의견에 동의할 수 없다면 소신을 갖고 반대하라고 말한다. 하지만 나 역시 보통의 한국 기업에서 근무했던 경험이 있어서 상대방이 기분 나쁘게 받아들일 수 있다고 생각해 입사 초기에는 많이 머뭇거렸다. 그런데 회의에 참석하고 사람들의 의견이 자유롭게 교환되는 모습을 보면서 반대 의견을 내기 시작했고, 곧 적응했다.

특히 상대방에게 피드백을 줄 때 단순히 '잘했네'라는 칭찬보다는 '나는 이 부분에서는 어떻게 개선되었으면 좋겠다'라는 구체적인 피드백이 도움이 된다는 걸 깨달으면서 더 많은 의견을 내기 시작했다.

그렇게 일하다 보니 내 의견이 그들의 업무에 어떻게 활용되는지 확인할 수 있었고, 그 경험들이 쌓여 내 업무 능력도 향상되었다. 이것이 효과가 있음을 깨닫자 필요하다면 소신 있게 반대 의견을 내자는 것이 나의 신념이 되었다. 그리고 이제는 그 신념을 바탕으로 누가 되었든 반대 의견이 있다면 소신 있게 말한다.

"내 생각은 달라."

리더는 '많이' 옳다
Are Right, a Lot

리더는 많이 옳다. 아마존에서는 리더가 강한 판단력을 바탕으로 고객과 회사를 위해 옳은 선택을 하는 훌륭한 본능을 갖고 있다고 믿는다. 그들은 다양한 관점을 찾고 자신의 신념을 반증하기 위해 노력한다.

하지만 개인적으로는 이해하는 데 가장 오랜 시간이 걸렸던 원칙이 아니었나 싶다. 이 원칙은 리더는 '항상' 옳다가 아닌 '많이' 옳다고 표현한다. 즉 리더란 본인의 신념도 바꿀 정도로 유연한 사고를 갖춰야 한다는 말이다. 나는 회사 생활을 하며 수많은 리더를 만났다. 그리고 그들은 항상 옳을 거라는 기대감을 갖고 있었다. 아무래도 더 많은 경험을 했고 누구보다 올바른 판단을 했기에 그 자리에 올라갔다고 생각했다.

그러나 리더라고 해서 항상 옳은 선택을 하는 것은 아니었다. 그들 역시 잘못된 판단을 한다. 많은 직장인이 경험해봤겠지만 어떤 리더는 본인의 실수를 인정하지 않고 책임을 누군가에게 떠넘기려고 한다. 그러면 문제의 본질을 이해하지 못한 상태로 다음 상황으로 넘어가고 결국 문제가 다시 발생한다.

진정한 리더라면 잘못을 인정하고 올바른 선택을 하기 위해 노력해야 한다. 잘못한 점에 대해서는 부끄러워할 필요가 없다. 하지만 잘못되었음을 알고 있음에도 침묵하는 건 리더로서의 자질이 없는 것이다.

발명하고
단순화하라
Invent and Simplify

아마존 리더는 혁신과 발명을 기대하고 요구하며 항상 단순화할 방법을 찾는다. 특히 외부 시장 상황을 인지하고 모든 곳에서 새로운 아이디어를 찾으며, 외부에서 발명되었다는 이유로 받아들이는 것을 주저하지 않는다. 만약 새로운 일을 하면서 기존 방식의 잘못된 점을 찾는다면 그동안 잘못 이해하고 있었음을 인정하고 받아들인다.

세상은 빠르게 변화하고 있다. 오늘 옳은 방식이 내일도 옳다는 보장이 없다. 따라서 항상 새로운 발명에 호기심을 가져야 하고 끊임없이 개선하며 단순화하기를 반복해야 한다. 일을 하다 보면 어느 순간 업무에 익숙해지고 적응하는 시기가 온다. 특히 오랜 시간 동안 같은 업무를 반복하면 지금 하고 있는 방식이 틀리다는 생각을 하기 어렵다.

하지만 아마존에서는 어떤 업무를 하든지 지금 내가 하는 방식이 최선이 아닐 수도 있다는 생각을 잊지 말라고 말한다. 무엇이든 더 좋은 방식은 존재하며 이를 알아내기 위해 끊임없이 노력해야 한다. 설령 간단한 업무 방식이라도 지금보다 단순화할 수 있다면 실행에 옮겨야 한다. 이런 변화들이 쌓여 업무 생산성 개선에 큰 역할을 하기 때문이다.

예를 들어 한 종류의 웹 서비스를 사용하기 위해 고객들이 추가 정보를 기입해야 한다고 가정해보자. 이 가입 절차는 서비스를 론칭했을 때부터 변하지 않았고, 기입 내용 중에는 예전에 제공된 정보도 포함되어 있다. 그렇다면 고객 입장에서는 이미 제공한 정보를 왜 굳이 두 번 기입해야 하는지 의문을 품을 것이다. 하지만 누군가는 '가입 절차는 예전부터 그랬어'라고 대수롭지 않게 생각할 수도 있다.

별것 아닌 듯 보이는 이 미세한 차이가 고객경험에는 큰 차이를 불러올 수도 있다. 과거의 방식이 무조건 옳다며 넘어가지 말고 그런 선택을 했던 이유에 대해 의문을 품어야 한다. 이런 작은 변화에서 더 좋은 제품과 서비스가 탄생한다.

최고의 기준을 추구하라
Insist on the Highest Standards

아마존 리더는 끊임없이 더 높은 기준을 추구한다. 제3자가 봐도 이런 기준이 비합리적으로 높다고 생각할 정도다. 훌륭한 리더는 지속적으로 기준을 높이면서 팀을 이끌고 고품질의 제품, 서비스, 프로세스를 제공한다. 또한 결함이 생기지 않게 하고 문제가 있다면 바로잡아 수정된 상태를 유지한다. 개인적으로 경험했던 아마존의 훌륭한 리더들이 전부 갖고 있었던 덕목이다. 그들은 쉽게 타협하지 않았고 더 나은 결과물을 얻기 위해 팀원들을 독려했다.

늘 최고의 결과를 바라고 세세하게 따지는 리더는 팀원의 입장에서는 같이 일하기 어려운 사람이라고 생각할 수도 있다. 하지만 그런 과정을 통해 팀원들 역시 자연스럽게 최고의 기준을 추구하는 사람으로 성장한다. 여기서 높은 기준을 추구한다는 건 팀원이 만든 자료를 보고 무조건 새 수정본을 가져오라고 하는 게 아니라 어떤 부분을 고쳐야 하는지 구체적인 피드백을 주는 것을 말한다.

회사 생활을 하다 보면 다양한 리더들을 접한다. 그중에는 명확한 이유 없이 까다로운 조건을 요구하는 사람도 있고, 까다로운데 논리적인 이유가 분명한 사람이 있다. 전자의 경우 본인도 제대로 이해하지 못하는 상황에서 감정적인 피드백을 주는 것이 대부분이다. 이런 리더는 팀원들의 존경을 받지 못하고 성과를 내지도 못한다.

반면 논리적인 이유로 설명할 줄 아는 리더는 존경을 받는다. 팀원의 부족한 면을 충분히 잘 설명하고 이를 개선할 방향을 정해주는 리더라면 누구라도 함께 일하고 싶을 것이다.

내가 아마존에서 만났던 팀장들은 정말 높은 기준을 갖고 있었다. 글을 쓸 때도 포맷 방식(폰트 크기부터 줄 간격까지)부터 시작해 각 문장이나 단어가 뜻하는 바가 정확한지 묻고 왜 그 단어를 썼는지 이유를 알고 싶어 했다. 만약 내 글에 논리가 부족하다면 이를 보충할 만한 데이터와 그것을 적절하게 사용하는 방법을 알려주었다. 글을 읽는 입장에서 더 쉽게 납득할 수 있는 글, 누구나 쉽게 읽을 수 있는 글은 무엇일까 함께 고민했다. 덕분에 같이 근무하는 동료들을 포함해 우리 팀의 수준은 월등히 올라갔다. 이제는 다른 부서의 회의에 참석하거나 글을 읽으면 그 부서의 기준이 어느 정도인지 얼추 감을 잡을 수 있을 정도다.

최고의 기준을 추구한다는 것은 사실 굉장히 피곤한 일일 수 있다. '굳이 이런 것까지 신경 써야 해?'라고 생각할 수도 있다. 하지만 막상 높은 기준을 잡는 데 익숙해지면 자연스럽게 그런 업무 스타일에 녹아든다. 그리고 이는 회사 생활을 하는 동안 자신의 강점으로 자리 잡는다.

Chapter 3

아마존의 팀장이
일하는 법

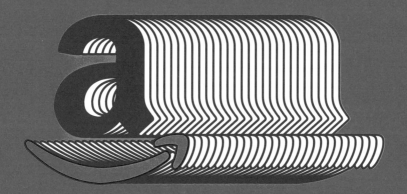

아마존은 어떻게 혁신의 아이콘이 되었을까?

기업 문화, 일하는 방식, 소통의 형태 등 많은 것을 꼽을 수 있겠지만 특히 다음의 문화가 아마존 성장에 큰 기여를 했다고 할 수 있다. 데이터드리븐 사고법, 누구보다 신속하게 일하는 애자일 방식, 늘 최고를 지향하는 바 레이징, 비즈니스 현장에서 중요하게 떠오르고 있는 1:1 미팅, 업무의 자율성이 그것이다.

이 챕터에서는 아마존 직원들이 이런 문화를 어떻게 받아들이고 실제 현장에서 어떻게 활용하고 있는지 알아본다.

여기서 설명하는 각종 회의는 프로덕트 매니저인 저자의 경험에서 나온 것으로, 담당 포지션에 따라 참석하는 회의에 차이가 있을 수 있다.

01 데이터를 중심으로 소통한다

전반적인 상황을 공유하는 비즈니스 리뷰

팀장들의 뛰어난 데이터드리븐 사고

아마존의 팀장들은 특히 데이터를 받아들이는 데 탁월한 능력이 있다. 이들은 글을 잘 쓰고 잘 읽기도 하지만 데이터를 파악하는 능력도 무척이나 뛰어나다. 따로 더 설명하지 않더라도 데이터를 보면서 각 업무의 진행 상황을 유추하고 파악하며, 데이터에 이상한 점이 보이면 해당 부서에 날카로운 질문을 던지며 원인을 알고자 한다(195쪽 '아마존 리더십 원칙 09 배우고 호기심을 가져라'를 보라).

반대로 큰 문제가 없이 성과를 내는 부서가 있다면 그들에게는 따로 질문하지 않고 넘어간다. 해당 부서에 대한 관심이 없기 때문이 아니다. 데이터를 통해 팀원들이 얼마나 일을 잘하고 있는지 확인할 수 있기 때문이다. 그리고 팀원을 신뢰하기 때문에 굳이 더 물어보지 않는 것이다.

팀원에 대한 신뢰와 뛰어난 데이터드리븐(data-driven) 사고를 갖춘 팀장이 있기에 아마존의 회의와 소통은 결코 길게 늘어지는 법이 없다.

글이 아닌 데이터를 논하는 회의

앞서 소개했다시피 나는 프로덕트 매니저(PM)다. 또 다른 이름으로는 프로덕트 오너(Product Owner, PO) 혹은 제품 담당자라고도 불린다. PM의 직무로는 고객들이 필요로 하는 새로운 제품이나 서비스를 구상하고 개발해 론칭하는 업무가 있고, 기존의 제품을 관리 및 운영하고 추가 개선하는 업무가 있다. 그 외에도 한 국가에서 성공적으로 론칭한 제품을 다른 국가로 가져와 고객들의 니즈를 파악한 후 시장에 맞게 변형해서 론칭하는 업무를 하기도 한다. 아무래도 한 제품을 담당하는 책임자이기 때문에 PM은 보다 여러 회의에 참석하게 된다.

그중 업무의 전반적인 진행 상황을 공유하는 주간 비즈니스 리뷰(Weekly Business Review, WBR) 회의가 있다. 이 회의에서도 여러 안건을 논의하는데 먼저 부서 디렉터를 포함한 프로덕트팀, 세일즈팀, 마케팅팀 실무자들이 모여 핵심성과지표(Key Performance Indicator, KPI)를 공유하고 검토하는 자리다.

KPI란 부서의 목표를 달성하기 위해 핵심적으로 관리해야 할 요소들의 성과 지표를 일컫는다. 회의에 참석하는 인원은 부서의 크기에 따라 달라지며 내가 속한 조직의 WBR 회의에서는 대략 30~40명 정도의 인원이 참석한다.

예를 들어 고객서비스팀의 궁극적인 목표가 고객의 문의 사항을 최대한 빨리 처리하는 것이라고 해보자. 이 경우 그들의 KPI는 고객 문의 사항을 첫 연락에 바로 해결한 사례의 비율을 측정한 수치일 수도 있고, 문의 사항을 처리하는 데 걸린 평균 시간을 측정한 수치일 수도 있다.

이렇게 각 부서는 측정 가능한 KPI를 설정하고 주기적으로 확인함으로써 목표에 얼마나 가까워졌는지 확인한다. 그렇게 각 부서의 KPI가 가득 적힌 자료를 받으면서 WBR이 시작된다. 아마존 회의에서 흔히 사용하는 글이 아닌 숫자가 가득한 데이터를 두고 논의가 이뤄진다. 이를 WBR 덱(Deck)이라고도 부르는데 이것으로 목표 대비 부서별 성과를 확인한다.

필요한 것만 뽑아 보고한다

WBR의 흥미로운 점은 특이 사항이 없다면 굳이 이야기하지 않아도 된다는 점이다. 내가 생각하기에 회사 생활이란 상사에게 자신의 업무를 보고하며 능력을 인정받는 것이다. 하지만 아마존의 주간 보고는 모든 업데이트 사항을 다루지 않는다.

WBR은 여러 부서가 모여 보고하는 시스템이다 보니 한 시간이라는 짧은 시간에 모든 부서의 진행 상황을 확인하기에는 한계가 있다. 웬만한 부서들의 주간 보고가 한 시간에서 길면 한 시간 반 안에 이뤄지기 때문에 꼭 다뤄야 할 주제들 위주로 회의가 흘러간다.

여기서 주제란 각 팀들이 갖고 있는 KPI를 일컫는다. 예를 들어 마케팅팀의 가장 중요한 지표가 담당 서비스에 가입하는 고객의 수라고 해보자. 그렇다면 그들은 지난 일주일 동안 서비스에 가입한 고객의 수를 공유하고, 지난주 또는 작년 동일 시기 대비 어떤 변화가 있었는지 설명한다.

또한 수치가 일주일 전보다 상승했다면 어떤 프로모션이나 마케팅 캠페인을 진행했는지 설명하고, 수치가 하락했다면 그 원인은 무엇이며 이를 어떻게 개선할 것인지 해결책을 내놓는다. 그에 비해 목표만큼 결과물을 내고 있는 부서라면 다른 부서 직원들이 알아야 할 특이 사항이 없는 경우 굳이 추가 설명을 할 필요는 없다.

이는 내가 과거 다른 회사에서 경험했던 주간 보고와는 전혀 다른 모습이었다. 내가 알고 있던 주간 보고는 반나절 또는 그 이상 동안 모든 부서 담당자들이 모여 각자 했던 업무를 구구절절 발표했다. 마치 누가 더 많은 일을 했고 성과를 냈는지 겨루기라도 하듯 말이다. 그런데 아마존의 주간 보고는 정해진 시간 안에 끝난다. 심지어 인원이 더 늘어나더라도 변함이 없다. 이렇게 짧은 시간 안에 회의를 마칠 수 있는 이유는 회의에 참석하는 리더들이 KPI에 대한 전반적인 이해도가 높기 때문이다.

팀장은 데이터에 능숙해야 한다

아마존은 매주 어마어마한 데이터들이 업데이트되며 이 정보를 바탕으로 주간 회의가 진행된다. 수많은 부서를 담당하는 디렉터들은 매주 몇십 장에서 몇백 장이 넘는 파일을 받기도 한다.

입사 후 첫 주간 보고에 참석했다가 큰 충격을 받은 적이 있었다. 회의에서 사용될 파일에 부서별 KPI들이 빼곡히 적혀 있었다.

'대체 이 정보들은 어떻게 사용될까?' 하는 궁금증이 일었고 회의 내내 구석 자리에서 사람들의 대화를 귀 기울여 들었던 기억이 있다. 특히 한 시간짜리 주간 보고라고 하기에는 30명이 넘는 인원이 참석했기에 이 많은 사람과 회의를 진행하는 게 효율적일지 의문도 들었다. 그러다 곧 디렉터가 회의실에 들어왔고 가벼운 농담과 함께 회의가 시작되었다.

주간 보고는 한 주간 잘한 점이 있는지 물어보면서 시작된다. 새로운 제품을 출시했거나 각자 KPI가 크게 개선된 사례가 있다면 이 자리에서 사람들과 함께 공유하기를 장려한다. 서로의 성과를 널리 알리려는 이유도 있겠지만 동료들에게 도움이 될 팁이나 배울 점들을 공유하기 위함이다. 그러면 팀원들은 앞다퉈 자신의 성과를 발표하려고 한다. 때론 너무 세세한 것들까지 공유해서 회의 시간을 많이 잡아먹기도 한다. 하지만 이렇게 좋은 분위기로 회의를 시작하면 긴장도 풀리면서 회의가 조금 더 부드럽게 흘러간다.

아무래도 회의 중 가장 많은 질문을 하는 사람은 디렉터다. 그는 파일들을 빠르게 읽어가며 이상한 부분이 없는지 확인한다. 내가 디렉터에게 크게 놀랐던 부분은 매번 예상과 다른 수치들이 보이는 경우 그것들을 빠르게 찾아낸다는 것이었다. 심지어 파일을 만들었던 담당자도 찾지 못했던 내용이었다. 하지만 디렉터는 미리 보기라도 한 듯 손쉽게 찾아내곤 했다.

그뿐만 아니라 이상한 점이 발견되었을 때 디렉터는 문제의 원인에 대한 가설을 이야기하기도 했다. 단순히 자신의 생각을 이야기하는 게 아닌 경험에서 나온 논리적인 접근이었다. 덕분에 담당 부서가 어렵지 않게 원인을 파악하고 나아가 개선까지 하는 경우를 많이 봤다.

데이터를 잘 파악하는 리더와 함께 일한다는 건 행운이다. 만일 그렇지 않은 리더를 만났다면 회의마다 정보에 대한 설명을 처음부터 다시 해야 할 것이다. 이런 회의는 논의를 통해 문제를 개선하는 시간이 아니라 단순히 리더를 위한 교육 시간이 될 뿐이다.

수많은 데이터와 친숙해지는 법

정보의 홍수 속에서 많은 회사들이 데이터 기반의 의사결정을 내리려 노력한다. 이를 위해 직원들에게 데이터를 자주 사용하고 익숙해지길 권장하는데, 이런 업무 방식이 사내에 널리 퍼지려면 팀장이 먼저 데이터에 익숙해질 필요가 있다. 아무리 많은 정보가 있다고 해도 팀장이 그 정보를 활용할 수 없다면 빛 좋은 개살구일 뿐이다.

데이터와 친해지기 위해서는 충분한 시간을 두고 사전에 데이터와 KPI의 정의를 숙시해야 한다. 모르면 회의에서 물어보면 된다고 생각하지 마라. 이는 결국 회의 시간을 자신의 과외 시간으로 여기는 것과 같다. 물론 궁금한 점이 있다면 회의 중에 물어보는 게 맞다. 하지만 팀장이라면 각 페이지에 적힌 숫자들이 무엇을 의미하는지 그리고 상관관계가 있는 데이터는 무엇인지 누구보다 잘 파악한 상태로 주간 보고 회의에 들어와야 한다. 그래야 회의 중에도 실무자들보다 먼저 이상한 부분을 찾고 질문을 던질 수 있다.

보고는 일방향이어서는 안 된다

다른 비즈니스 리뷰로는 월간 보고 혹은 분기 보고가 있다. 분기 보고가 모든 부서에서 진행하는 정기적인 회의라면 월간 보고는 선택적으로 이뤄진다. 특히 목표를 달성하는 데 어려움을 겪는 부서들은 진행 상황을 월 단위로 보고함으로써 상사의 도움을 받는다.

두 회의 모두 아마존 스타일의 6페이저를 사용한다. 분기 보고의 경우 다른 부서와 함께 진행하다 보니 구체적인 사안을 너무 많이 담을 수 없는 반면 월간 보고에서는 더 자세한 내용을 다룰 수 있다.

이 글들은 회의 시작 몇 주 전부터 준비를 시작한다. 특히 분기 보고의 경우 더 일찍부터 준비하는 경우도 있다. 다뤄야 할 분량이 많기도 하지만 임원들에게 보고하다 보니 조금 더 완성도 높은 글을 작성하기 위해서다. 또한 보고 내용을 다른 부서 사람들과 함께 읽어보며 사전에 타 부서의 동의를 얻기 위함이기도 하다. 이렇게 하면 회의 중 반대 의견이 많이 나오는 것을 방지할 수 있다.

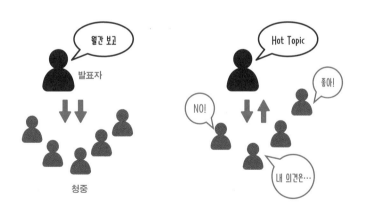

아마존은 한 사람이 일방적으로 발표하는 회의가 아니라 서로 의견을 주고받는 쌍방향 회의를 진행한다.

게다가 많은 사람에게 글을 보여주고 질문을 받는 과정을 반복하면서 임원들이 물어볼 만한 질문들을 사전에 준비할 수 있다. 월간 보고나 분기 보고는 정말 단순히 보고만 하는 회의가 아니다. 뜨거운 토론 주제(Hotly Debated Topic)를 포함해 임원들에게 조언을 얻고자 하는 내용을 담아도 된다. 예를 들어 다른 부서와 의견이 달라 조율이 필요할 경우는 그 내용을 글에 적어 임원의 결정을 그 자리에서 받을 수도 있다.

그렇게 해서 비즈니스 리뷰는 단순히 보고를 하고 보고를 받는 일방향 회의가 아닌, 참석하는 사람들의 조언과 도움을 얻을 수 있는 쌍방향 회의가 된다. 따라서 분기 보고를 준비할 때는 보고할 내용과 의견을 듣고 싶은 내용을 냉정하게 결정해야 한다. 때론 100가지의 일을 했어도 꼭 필요한 보고 사항만을 담기 위해 가장 중요한 다섯 가지 업무를 선택해야 할 수도 있다. 칭찬받고 싶은 마음은 누구나 있겠지만 한정되어 있는 시간을 일방적인 보고에만 할애할 수 없기 때문이다.

02 애자일 방식에 따라 신속하게 판단하고 결정한다

애자일 개발 방식에 따라 움직이는 주간 회의

PM에게 필요한 커뮤니케이션

담당 제품이 있거나 신제품 개발 프로젝트를 진행하는 PM이라면 대부분 시간을 테크팀과 보낸다. 자신이 구상한 제품이나 서비스를 실현하려면 그들과 끊임없이 소통하며 아이디어를 발전시켜야 하기 때문이다.

PM인 나는 아마존의 B2B(Business-to-Business) 마켓플레이스 사업을 담당하는 팀에 소속되어 있다. 특히 유럽 B2B 사업에 가장 중요한 열쇠라고 불리는 유럽 27개국과 영국에서 발생되는 세

167
아마존의 팀장이 일하는 법

금(VAT) 계산을 보다 쉽고 정확하게 제공하는 서비스를 개발 및 운영 중이다. 나와 같이 근무하는 테크팀은 미국, 인도, 중국에 포진돼 있다. 그들은 셀러들을 위한 서비스 가입 페이지부터 자동으로 세금을 계산해주는 시스템, 거래 내역이 정리된 리포트와 인보이스까지 제작하고 고객에게 제공한다. 그와 동시에 고객의 또 다른 니즈를 충족시키는 신규 서비스를 개발하는 업무도 진행하고 있다.

애자일 개발 모델에 맞춘 주간 회의

보통 테크팀은 애자일 소프트웨어 개발 방식을 사용한다. 이제는 소프트웨어 개발의 교과서처럼 되어버린 애자일 개발 방식을 직역하면 '민첩하게 개발한다'는 뜻이다. 요즘 같은 시대에 완벽한 설계란 존재하지 않는다(197쪽 '아마존 리더십 원칙 10 신속하게 판단하고 행동하라'를 보라). 빠르게 바뀌는 트렌드와 고객의 니즈를 따라가려면 완벽하기보다 민첩하게 움직여야 한다.

그 움직임 중 하나로 아마존은 최소기능제품(Minimum Viable Product, MVP)을 만들고 있다. MVP는 완벽한 제품을 출시하기 전 가장 중요한 가치 혹은 최소 기능을 제공할 수 있는 형태로 제작되는데, 이는 고객의 피드백을 얻을 수 있는 중요한 창구다. 이렇게 상황에 따라 유연하게 계획을 변경하고 빠르게 결과물을 만들어낸 뒤 피드백을 바탕으로 지속적인 개선 작업을 하는 애자일 방식을 따른다.

테크팀은 2주마다 새로운 업무와 목표를 설정하는 스프린트 계획을 세운다. 이때 집중할 개발 업무의 방향을 정한다. 예를 들면 주기적으로 계획을 세움으로써 완성된 MVP들에 대한 의견을 주고받을 수도 있고, 필요에 따라 개발 방식 혹은 프로젝트의 방향을 재설정할 수 있다.

아마존의 리더십 원칙 중에는 검소함에 대해 이야기하는 항목이 있다. 이 항목에 따르면 책정된 자원을 가지고 프로젝트를 해

〔애자일 업무 방식〕

변화에 신속하게 대응하며 민첩하게 일하는 형태를 말한다. 애자일 방식의 가장 큰 특징은 빠른 성과 도출이라는 목표를 우선시한다는 것이다. 빠르게 변화하는 시장 상황과 외부 피드백을 반영해 업무 완성도를 높여 나간다.

내는 것은 당연하다고 말한다. 하지만 여기에 안주하는 게 아니라 '어떻게 하면 책정된 자원을 더 효율적으로 사용할 수 있을까' 고민해야 한다. 그렇다 보니 프로젝트를 진행하면서도 아마조니언들은 '혹시 이 과정 중에 불필요한 부분이 있지 않을까'라는 고민을 꾸준히 하게 된다(199쪽 '아마존 리더십 원칙 11 절약하라'를 보라).

또한 자원은 한정되어 있음에도 불구하고 담당 프로젝트 외에 제품 개발 요청이 끊임없이 들어온다. 이렇게 다양한 변수가 늘 존재하는데, 그럴 때마다 프로젝트의 우선순위를 돌이켜보며 계획을 재설정한다. 여기서 스프린트 계획은 프로젝트의 방향 전환을 도와줄 뿐만 아니라 업무 효율을 극대화하는 데 크게 기여한다. 주기적으로 개발 방식에 대해 리뷰하고 서로 피드백을 주고받음으로써 어떤 방식으로 일할 때 좋은 결과를 냈는지, 어떤 문제들이 있었는지 의논한다.

그렇다 보니 테크팀과 하는 회의 중에서도 가장 중요한 회의는 스프린트 계획을 세우는 일이라고 할 수 있다. 누가 어떤 업무를 할지에 대해서는 테크팀 내에서 자유롭게 결정한다. 하지만 프로젝트 방향에 변화가 있거나 진행 상황에 문제가 생길 경우 PM은 그들이 내는 의견을 경청하고 문제 해결을 위해 발 벗고 뛰어야 한다.

나는 중요한 프로젝트를 맡을 때는 매주 테크팀과 회의를 진행한다. 프로젝트 규모에 따라 30분에서 한 시간짜리 회의를 잡는데, 관련 개발 업무를 하는 개발자들을 한자리에 모아 그들의 소리를 듣는 데 대부분의 시간을 할애한다. 반드시 해야 하는 회의는 아니지만 개발자들이 가장 유용하게 생각하는 회의이기도 하다.

이렇게 테크팀과의 짧지만 잦은 만남은 결과적으로 시행착오의 리스크를 줄여주며, 업무 진행에 있어서 속도에 큰 이점이 있다. 또한 돌발상황에 대처하는 데에도 유용하고, 일의 완성도를 높여준다. 프로젝트의 커다란 구멍이 생기는 것을 사전에 방지해주기에 매우 고마운 회의라 할 수 있다.

직원들이 주인의식을 깨닫게 해준다

회의가 시작되면 먼저 개발자들은 각자가 하고 있는 업무를 요약해서 설명한다. 일주일 동안 담당했던 업무와 진행 상황을 프로젝트 담당자들에게 공유함으로써 각자의 역할을 각인시킨다.

특히 많은 개발자가 투입되는 프로젝트의 경우 자신이 담당하는 업무가 큰 그림으로 봤을 때 어떤 영향을 미치는지 모르는 경우가 있다. 그래서 이 회의를 통해 그들이 하는 업무가 얼마나 중요한 역할을 하는지 깨닫는다. 이는 그들에게 큰 동기부여가 된다.

또한 이 회의에서는 단순히 어떤 개발 업무를 했는지 보고하는 게 아니라 업무 중 어려운 부분이 있거나 프로젝트를 진행하면서 궁금한 점이 있다면 자유롭게 물어볼 수 있다. 예를 들어 다른 부서의 동의를 얻지 못해 개발 업무가 어려움에 빠졌다고 하자. 이 경우 PM이나 개발팀 매니저는 다른 부서 담당자의 연락처를 알아내 최대한 빠른 시일 내에 그들의 동의를 얻어낸다. 그뿐만 아니라 본인이 개발하는 시스템에 개선할 부분이 있다면 자유롭게 말할 수 있다. 프로젝트 계획에 차질을 주지 않는다면 그 아이디어는 적극 반영된다.

이 회의를 진행할 때는 따로 새로운 글이나 PDF를 준비하지 않는다. 지난주에 공유된 회의록을 화면에 띄워놓고 한 주 동안 진행된 개발 업데이트를 듣는다. 테크팀은 매주 개발 계획을 세우고 업무를 하다 보니 새로운 내용이 항상 있다.

이 회의에서는 아마존 차임 화상회의 프로그램을 통해 참석한 모든 사람에게 회의록이 적힌 화면을 공유하고, 업데이트된 부분들을 내가 직접 기록한다. 이 회의록은 회의가 끝나면 바로 공유되는데 특히 다음 주에 확인할 부분을 적어놓거나 문제에 도움을 줄 담당자 이름을 명시함으로써 그들이 바로 업무를 처리할 수 있도록 한다.

이 회의는 개발자 스스로가 '왜 이 일을 하고 있는지'를 깨닫게 해준다. 수많은 개발자와 함께 크고 작은 프로젝트를 진행하면서 알게 된 사실은, 개발자들이 좋은 제품을 만들기 위해서는 다른 무엇보다 주인의식이 있어야 한다는 점이다(201쪽 '아마존 리더십 원칙 12 주인의식을 가져라'를 보라). 그들이 만드는 제품이 고객들에게 어떤 가치를 제공하고 회사 차원에서는 어떤 의미를 갖는지 알아야 한다.

언뜻 별것 아닌 듯 보이지만 이 회의는 단순히 주간 보고에서 끝나지 않는다. 다 같이 듣고 다 같이 방법을 모색함으로써 문제가 생길 때마다 사람들을 한 팀으로 묶어주고 어려움을 헤쳐나갈 수 있는 힘이 되어준다.

03

바 레이징으로 수준을
최대로 끌어올린다

피드백을 공유하는 레트로 회의

피드백을 공유하며 기준을 높여라

나는 테크팀과 정기적으로 만나서 지난 스프린트에서 했던 행동들을 돌이켜보는 시간을 갖는다. 이를 '레트로 회의'라고도 부르는데 이 회의의 목적은 지난 스프린트를 돌아보며 칭찬할 점은 칭찬하고 부족한 부분은 어떻게 개선할 수 있을지 함께 방법을 모색하는 것이다.

애자일 개발 방식 중 피드백은 정말 중요한 부분을 차지한다 (204쪽 '아마존 리더십 원칙 13 최고의 인재를 채용하고 육성하라'를 보라). 민첩하고 빠르게 개발하고 사람들의 의견을 받아들여 자주 개선해서 더 좋은 결과물을 내려고 노력한다. 사실 생각해보면 약간 민망할 수 있는 회의다. 동료들의 아주 작은 부분까지 칭찬할 뿐만 아니라 잘못한 부분에서는 서로의 감정이 상할 수 있더라도 솔직하게 자신의 생각을 공유해야 하기 때문이다.

가령 기존 서비스에 버그가 발생해 고객들이 리포트를 다운받지 못하는 문제가 발생했는데, 개발자 A가 뛰어들어 두 시간 만에 문제를 해결하고 서비스를 원상복구했다고 가정해보자. 그러면 이 레트로 회의에서 빠른 행동력과 고객을 위한 정신에 감사한다며 개발자 A를 칭찬한다.

여기에 더해 개발 방식을 개선한 사례가 있다면 그 점에 대해서도 자세히 설명하고 개발자의 이름을 언급한다. 반대로 문제가 있었음에도 빠르게 바로잡지 못한 경우라면 문제가 무엇이었는지 원인을 파악하고 어떻게 개선하면 좋을지 각자 의견을 내고 공유한다.

칭찬이나 평가를 받는 입장에서도 개인적 관계나 사회적 위치를 떠나 더 좋은 제품을 위해, 더 좋은 개발 방식을 위해 들어야 하는 소리라고 여긴다. 그래서 지나치게 들뜨거나 변명을 늘어놓기보다는 감사해하며 귀 기울여 듣는다.

동료를 신뢰하고 솔직하게 말한다

레트로 회의는 각자의 의견을 적는 것부터 시작된다. 이 회의를 위한 웹사이트가 따로 있는데, 회의의 시작과 함께 참석자들은 해당 사이트에 접속해 자유롭게 글을 채워 넣는다. 보통 한 시간 짜리 레트로 회의라면 그중 15분은 글을 작성하는 데 시간을 할 애한다. 사이트에는 크게 세 가지 섹션이 있다.

먼저 칭찬 게시판이 있다. 여기에는 좋은 성과를 보여준 동료에 대한 글을 쓴다. 일을 하다 보면 당연히 모든 사람의 업무를 전부 알 수는 없다. 그러므로 이 시간을 통해 누가 어떤 업무를 담당했고, 어떻게 해냈는지 알린다.

다음 섹션에는 개선해야 할 사항들을 쓴다. 단순히 무엇을 잘못했다는 식의 지적이 아니라 실제 프로젝트에 영향을 미친 문제점이나 업무 방식 중 개선할 부분이 있었다면 허심탄회하게 쓴다. 심지어 자신이 잘못한 부분이라도 개선할 점을 발견했다면 이 시간을 통해 다른 사람에게 알린다(207쪽 '아마존 리더십 원칙 14 신뢰를 얻어라'를 보라).

그렇게 일정 시간이 지나면 다 같이 글을 읽으며 각자 어떤 의견에 동의하는지 투표를 한다. 많은 표를 받았다고 해서 더 중요한 의견은 아니다. 정해진 시간 중 어느 의견에 더 많은 시간을 할애할지도 결정할 수 있다.

그렇게 투표까지 완료되면 많은 표를 받은 순서로 자세한 이야기를 나눈다. 보통은 동료의 칭찬 시간보다 개선할 점에 대해 더 많은 시간을 들인다. 의견을 작성한 직원은 왜 그런 생각을 했는지 설명을 덧붙인다. 설명이 끝나면 다 같이 이 문제를 사전에 방지하거나 개선할 방안을 놓고 짧은 논의를 시작한다.

한번은 개발자 B가 신규 프로젝트를 위한 시스템 변경 작업을 하다가 어려움을 마주했던 적이 있었다. B는 시스템 담당 부서의 동의를 얻어내지 못해 한동안 코딩 작업을 할 수 없었다. 2주라는 시간이 지났지만 B는 본인이 그들을 설득할 수 있다고 믿었기에 끝없이 그들과 대화를 나눴다. 하지만 시스템 담당 부서는 그의 요청을 들어주지 않았고, 그 결과 B의 업무가 마무리되지 않아 프로젝트의 최종 출시 일정이 미뤄졌다.

개발자 B는 본인이 잘못한 점에 대해 솔직하게 털어놓았다. 사람들은 이를 사전에 방지하기 위해 어떤 행동을 취해야 하는지 논의했다. 앞으로는 유관 부서의 동의를 사흘 이내 얻어내지 못할 경우 곧바로 개발팀 매니저에게 알려야 하고, 닷새가 지났을 경우는 PM에게 연락해 문제를 마무리 지어야 한다고 결론내렸다. 이것은 곧 프로세스가 되었고 이후 비슷한 상황이 닥쳤을 때 개발자의 어려움을 해결함과 동시에 프로젝트 일정을 지켜낼 수 있었다.

월등히 앞서나가게 만드는 바 레이징

바 레이징이란 무엇일까? 챕터 1에서도 잠깐 설명했지만 단순하게 말하면 '지금보다 더 높은 수준으로 끌어올리는 행위'라고 할 수 있다. 피드백할 때, 글을 쓸 때, 아이디어 회의를 할 때 지금보다 더 높은 수준으로 끌어올리는 것이다. 앞서 내가 매니저에게 회의용 글의 피드백을 요청할 때나 혼자서 글을 계속 수정했던 일 모두가 바 레이징이다.

또한 채용의 기준을 높여 지원자들을 더 깐깐히 심사하는, 일명 바 레이저(Bar-raiser)라고 불리는 직원도 있다. 별것 아닌 듯 보이는 이 시스템은 아마존의 채용을 보다 스마트하게 만들었다. 바 레이저의 기준을 통과한 인력들이 입사한다는 건 매해 직원들의 평균 능력 및 생산력이 향상된다는 말이다.

바 레이저는 채용과 관련해 경험이 많고 따로 트레이닝을 받은 사람들로서 보통 채용하려는 팀과 상관이 없는 직원이다. 덕분에

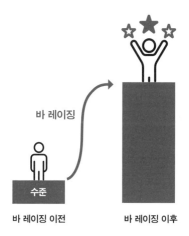

바 레이징

수준

바 레이징 이전   바 레이징 이후

바 레이징은 '기준을 높인다'라는 뜻을 갖고 있다. 이는 아마존 전체의 역량과 인재 수준을 지속적으로 향상시켜주는 시스템 중 하나다.

지원자들을 제3자의 시선에서 볼 수 있다. 바 레이저는 지원자가 아마존의 장기적인 성공에 어떤 역할을 할 것인지 좀 더 냉정하게 바라보게 해준다.

　나도 시니어 PM으로서 같이 일할 신입 직원을 뽑을 기회가 있었다. 면접이 끝나고 팀 동료들, 바 레이저와 함께 지원자에 대한 피드백을 공유했다. 내 나름대로는 꼼꼼하고 꽤 좋은 능력을 가진 지원자라고 생각했다. 하지만 바 레이저는 "그 지원자는 지원한 직급의 수준을 올릴 정도의 능력을 보여주지 않았어"라고 단호하게 말했다. 까다롭고 꼼꼼한 바 레이저의 기준을 보고 정말 놀랐다.

이런 바 레이징 문화 덕분에 아마존의 업무 수준과 직원의 기준은 매해 높아지고 있다. 이 때문에 아마존은 계속 혁신을 만들어내고 그 정글 같은 곳에서 팀장과 팀원들이 살아남을 수 있는 게 아닐까.

04 꽤 자주, 두 명이 만나는
1:1 회의

작지만 조직 관리에 큰 도움을 주는 미팅

아마존에서 가장 자주 하는 회의

1:1 회의[일대일 회의 혹은 원온원(one-on-one) 미팅]는 아마존에서 가장 자주 하는 회의의 형태가 아닐까 싶다. 프로젝트의 크기에 따라 30~40명 등 많은 인원이 필요한 회의도 있지만 대부분의 업무는 주요 당사자끼리 만나 신속하게 결론을 짓는 경우가 많다. 최소한의 규모로 시간과 에너지를 절약하는 것이다. 또한 1:1 회의를 통해 비슷한 업무를 하는 동료와 만나다 보면 필요한 정보를 얻기도 하고 거꾸로 도움을 줄 수도 있다.

아마존에서 근무하면서 흥미로웠던 점은 상사와 매주 1:1 회의를 하는 것이었다. 이 시간은 담당하고 있는 업무의 진행 상황을 공유할 수도 있고, 일하면서 어려운 점이나 궁금한 점을 상사에게 물어보고 도움을 요청할 수도 있었다. 그렇기에 개인의 회사 생활 측면에서는 어쩌면 앞서 언급한 다른 회의들보다 더 중요할 수도 있다.

인텔의 전 CEO 앤드루 S. 그로브가 쓴 〈하이 아웃풋 매니지먼트〉에 1:1 관련하여 이런 설명이 있다.

"일대일 면담의 주요 목적은 상호 학습 및 정보 교환이다. 특정 문제와 상황에 대해 이야기하면서 상사는 부하직원에게 자신의 기술과 노하우를 전수하고 문제 해결의 접근 방법을 제안한다. 이와 동시에, 부하직원은 상사에게 그가 수행하는 일과 그가 염려하는 바에 관한 세부 정보를 제공한다."

나 역시 진행 중인 일의 어려움과 고민, 혹은 다양한 아이디어와 제안을 진솔하게 소통하는 수단으로 1:1 회의를 잘 활용하고 있다. 실리콘밸리에서도 소수의 기업만 했었던 1:1 회의는 점점 많은 기업과 스타트업에서 진행하는 추세다.

업무의 진행 속도와 방향을 맞춘다

보통 1:1 회의는 30분에서 한 시간 정도 진행된다. 업무를 하다가 자세한 내용으로 들어가서 심도 있는 대화를 나눠야 할 경우라면 즉흥적으로 회의가 잡히기도 하고, 매주 업데이트할 내용이 있는 사이라면 정기적으로 회의 일정을 잡기도 한다.

예를 들어 제품 론칭을 준비하던 중 부사장에게 가입 페이지에서의 사용자경험(UX)과 관련해 피드백을 받았다고 가정해보자. 제품 론칭 날짜가 얼마 남지 않았다면 곧바로 UX 디자이너에게 연락해 1:1 회의를 잡고 부사장의 피드백을 바탕으로 새로운 가입 방법을 구상할 것이다. 서로 의견을 나누며 개선된 경험을 완성하고 이를 설명하는 목업(Mock-up) 파일을 만든다. 그런 다음 이 파일을 실제 고객들에게 보여주며 그들의 의견을 들어보는 식으로 일을 진행하는 것이다.

또 다른 예를 들면 제품 론칭을 준비하면서 세일즈팀 담당자를 지정한 다음 매주 1:1 회의를 하며 진행 상황을 서로 공유할 수도 있다. PM의 입장에서는 제품 개발이 어디까지 진행되었는지 업데이트할 수 있고 세일즈팀은 어떤 식으로 제품을 고객에게 셀링해야 할지 전략을 공유할 수 있다.

이런 회의를 정기적으로 진행하는 이유는 긴밀히 협업해야만 제품 론칭 역시 성공적으로 이뤄지기 때문이다. 예전에 아마존에서 내가 개발 및 론칭을 한 제품 중 중국 셀러들을 타깃으로 한 제품이 있었다. 나는 제품 개발을 하기 전 중국 오피스로 출장을 가서 세일즈팀들을 만났고 어떤 제품을 론칭할 것인지 그들을 대상으로 트레이닝을 진행했다.

이 과정을 통해 추후 나와 1:1 회의를 진행할 담당자를 선별했다. 그 담당자와 매주 회의를 진행하며 제품을 준비하는 과정 중 세일즈팀에 도움이 필요한 부분, 론칭하는 시점에 진행할 이벤트나 프로모션 그리고 론칭 문제 발생 시 해결 및 관리 방법 등 다양한 주제를 논의했다.

이렇게 진행되는 1:1 회의는 불필요한 절차를 줄이고 상대방과의 긴밀한 협업을 통해 업무의 진행 속도를 높이는 매우 효율적인 수단이다.

개인을 어필하는 도구가 된다

아마존에서 일하는 사람은 모두 동료의 평가를 받는다. 앞서 말한

레트로 회의에서든, 팀장 코칭에서든 평가 시스템이 적용된다. 이런 개인 다면평가는 한국의 기업에서도 적용 사례가 늘고 있다. 카카오나 많은 스타트업에서 적용 중이다. 그렇기에 동료 관계를 잘 유지하고 자신의 능력을 꾸준히 보여주는 것이 중요하다.

그런 모습을 가장 쉽게 각인시킬 수 있는 것이 바로 1:1 회의다. 그래서 특정 목적이 있는 다른 회의들과 달리 1:1 회의는 네트워킹 목적으로도 자주 활용된다. 업무적으로 필요한 관계라면 주기적으로 만나 서로에게 도움이 될 것 같은 정보를 공유한다.

간단하게는 서로 어떤 업무를 하고 있는지 공유하며 배울 점이 있는지 확인하고, 서로 협력해서 시너지 효과를 낼 무언가를 찾을 때도 1:1 회의를 활용한다. 단순한 정치 싸움이나 편 가르기가 아닌 실질적으로 업무에 도움을 줄 사람과의 관계를 형성하는 것이다.

아마존에서 넓은 인맥은 능력으로 평가된다. 서로 알고 있는 사이라면 모르는 사람보다 조금이라도 더 도와주려고 하기 때문이다. 실제로 업무상 1:1 회의를 자주 한다면 인간적으로 더 친밀한 관계가 형성되는 것은 사실이다. 오랫동안 같이 근무했던 동료라면 부서를 옮기더라도 주기적으로 연락하며 캐치업(Catch-up) 콜, 즉 서로의 근황을 묻고 가벼운 농담을 주고받으며 관계를 유지한다. 그래서 1:1 회의는 일의 효율을 높이는 것을 넘어 좋은 동료, 좋은 친구를 얻게 해준다.

솔직하고 과감하게 요청하라

1:1 회의에서는 먼저 회의를 하는 이유가 무엇인지 명확히 알아야 한다. 때론 회의하는 이유가 어떤 결과물을 도출하기보다 동료와의 관계를 형성하는 것이 될 수도 있다. 예를 들어 여러 직원들을 관리하는 피플 매니저라면 1:1 회의를 통해 담당 직원의 업무 상황을 파악하거나 매니저로서 도와줄 부분, 직원의 멘털 관리를 한다.

1:1 회의에서는 항상 좋은 결과물을 내야 한다는 압박감을 가질 필요가 없다. 그러나 팀장과 1:1 회의를 하게 된다면 회의를 본인이 원하는 방향으로 이끌기 위해 사전 준비가 필요하다. 무조건 팀장의 말을 듣고만 있기보다는 자신이 하고 있는 일들이 무엇이며 궁금한 것은 무엇인지 질문을 준비한다. 이렇게 하면 회의의 흐름을 이끌어가면서 회의 시간을 효율적으로 활용할 수 있을 뿐 아니라 성실히 준비하는 모습을 팀장에게 보여주어 신뢰를 얻을 수 있다.

도움을 요청하는 것은 부끄러운 게 아니다

나 역시 입사하고 직속 팀장과 1:1 회의를 하기 전 상당히 긴장했었다. 노트에 내가 하고 있는 일들이 무엇이고 어려움은 없는지 미리 정리했다. 그리고 회의가 시작되면 현재 하고 있는 업무들을 간단하게 설명해서 팀장이 쉽게 이해할 수 있도록 했고, 별것 아니더라도 팀장의 도움이 필요하다면 적극적으로 요청했다.

도움을 요청하는 걸 절대로 부끄러워할 필요가 없다. 오히려 팀장은 도움이 필요할 때 본인을 찾아오는 것 역시 능력이라고 생각한다. 물론 그렇다고 해서 매번 찾아가라는 말은 아니다. 어떤 부분은 혼자서 해내고 어떤 부분에 도움을 요청할지 구분하는 것 역시 능력이다.

또한 1:1 회의에서는 솔직해야 한다. 업무와 관련해 어려움을 겪고 있거나 더 큰 프로젝트를 하고 싶은 야망이 있다면 이 회의에서 자주 언급해야 원하는 것을 얻을 수 있다. 반대로 본인의 생각을 적극적으로 표현하지 않으면 팀장의 입장에서는 팀원이 만족해하며 업무를 하고 있다고 생각할 수 있다. 그러니 원하는 것이 있다면 1:1 회의를 적극 활용하자.

1:1 회의로 네트워크를 구축하라

한 동료가 미국으로 출장 갈 일이 있었다. 그런데 마침 그가 방문하는 사무실에 학교 선배이자 현재 아마존에서 부사장으로 근무하고 있는 사람이 있었다. 나이 차이도 상당히 났고 한 번도 대화한 적이 없음에도 불구하고 그 동료는 선배에게 바로 메일을 보내 1:1 회의를 요청했다.

아무리 학교 선배라고 하더라도 회사 내 부사장에게 네트워킹을 위해 회의를 요청한다는 것은 당시 내 상식 밖의 일이었다. 그런데 놀랍게도 그 부사장은 흔쾌히 1:1 회의 요청을 수락했고 동료는 커리어에 대한 부사장의 의견을 들으며 네트워크를 구축했다. 이처럼 1:1 회의의 가능성은 무궁무진하다.

— —

팀장의 역할은 들어주는 것

그렇다면 1:1 회의에서 팀장의 주요한 역할은 무엇일까. 누군가는 업무를 보고 받고 해결안을 제시해주는 것이라고 생각할 수도 있고, 또 다른 누군가는 팀원의 업무 방식에 대해 세세히 코칭을 해주는 것이라고 생각할 수 있다. 그러나 1:1 회의에서 팀장의 가장 중요한 일은 팀원들의 이야기를 들어주는 것이다.

아마존 팀장의 역할은 단순히 조직을 관리해서 팀의 목표를 달성하는 것이 아니다. 이에 더해 본인이 담당하는 팀원들이 훌륭한 리더가 될 수 있도록 양성하고 지원해야 한다. 그 코칭과 지원이 1:1 회의에서 시작된다. 아마존 팀장은 팀원들과의 1:1 회의를 무엇보다 우선시한다. 회의 중에는 팀장 본인이 대화를 주도하는 것보다는 열린 마음으로 팀원의 소리를 경청한다. 지시를 내리는 것보다는 많은 질문을 던짐으로써 팀원 스스로 결정하고 옳은 선택을 할 수 있도록 유도한다.

뿐만 아니라 팀장들은 이 회의시간을 활용하여 팀원들을 알아가고 그들과의 관계를 형성한다. 흔히들 외국 기업에서는 사적인 이야기를 하지 않을 것이라고 생각한다. 하지만 아주 민감한 내용이 아니라면 자유롭게 대화하고 농담도 하며 유대감을 쌓는다. 아무래도 서로에 대해 더 잘 알아야 해당 팀원에게 맞는 방식으로 코칭을 해줄 수 있기 때문이다.

또한 만약 회사 밖의 일이라도 도움을 줄 수 있는 부분이 있다면 팀장들은 언제든 도와줄 준비가 되어 있다. 이처럼 팀원과 진솔한 대화가 이뤄지는 1:1 회의는 팀장이 본인의 팀을 올바르게 이끌 수 있게 해주는 가장 중요한 자리가 아닐까 생각한다.

05

일은 지시하는 게 아니라
찾게끔 도와주는 것이다

사수가 업무를 올바르게 지시하는 방법

일은 배우는 것보다 시키는 게 더 어렵다

일은 어떻게 배우는 게 가장 효율적일까? 그리고 일은 어떻게 시키는 게 가장 효과적일까? 직장에 다니는 많은 사람이라면 한 번쯤은 고민해봤을 것이다. 특히 일을 배우는 입장보다 일을 시키는 입장에서 이 질문은 더 무겁게 다가온다.

앞서 언급했듯 아마존에서는 각 직원에게 매니저가 할당된다. 한국으로 치면 '사수'다. 누군가의 매니저가 된다는 것은 생각보다 큰 부담감이 따르는 일이다. 매니저란 신입사원에게는 회사 생활의 이미지를 심어주는 역할이고, 성장하는 실무자들에게는 커리어에 큰 영향을 준다. 그러므로 단순히 후배를 담당하는 일로 가볍게 생각하면 안 된다. 매니저로서 후배에게 어떻게 일을 시키고 있는지 항상 돌아봐야 한다.

─────

업무를 잘 지시하는 두 가지 스킬

사람들은 보통 본인이 사수에게서 배웠던 방식으로 후배에게 일을 알려준다. 나의 첫 사수는 매일같이 나를 붙잡고 업무 설명을 해주시던 분이었다. 모르는 것은 언제든 편하게 질문할 수 있었고, 그는 한 번도 귀찮거나 싫은 내색 없이 답변했었다. 이 영향을 받아 나 역시 후배를 비슷한 방법으로 가르치려 했고 어려움을 함께하는 매니저가 되고자 했다.

이 방식이 정답이라고 할 수 있을까. 그렇게 생각하지는 않는다. 물론 자세히 알려주는 것은 좋지만 본인이 직접 일을 배워나가는 것만큼 업무 습득력이 높지는 않다. 일을 모르고 물어볼 사람이 없다는 긴장감은 업무에 대한 집중력으로 변환된다. 하지만 그렇다고 수영을 배운 적 없는 사람을 무조건 물에 던져 넣는 게 정답일까. 그것도 역시 정답이 아니다.

　내가 생각한 결론은 두 방식을 적절히 섞어 가르쳐야 한다는 것이다. 팀장은 팀원이 어떤 방식으로 업무를 지시받을 때 더 좋은 결과를 낼 수 있는지부터 파악해야 한다. 관상만 보고 맞히라는 이야기가 아니다. 서로 소통하며 파악하고, 여러 시행착오를 거치다 보면 조금 더 세심하게 가르쳐야 하는 사람인지, 혼자서 더 부딪혀볼 필요가 있는 사람인지를 알게 된다.

스스로 부딪혀가며 배우는 타입

아마존에 입사하고 얼마 되지 않아 제품을 론칭하는 역할을 맡았을 때의 일이다. 제품에 대한 기술적 이해도 부족한 상황에서 모르는 사람들과 부딪히며 론칭 준비를 했다. 담당 매니저는 딱 두 번의 회의에만 참석하고 그 후로는 내가 담당자가 되어 알아서 일을 진행해보라고 했다. 질문을 해도 매니저는 자신도 이 프로젝트는 처음이라 잘 모르겠다는 답변만 할 뿐이었다.

　너무나도 솔직한 그의 말에 나는 초조해졌다. 하지만 오히려 이 초조함 덕분에 모르는 부서 사람들까지 붙잡아가며 일을 하기 시작했다. 두 번 물어보기는 미안해서 상대가 말해주는 모든 내용을 적어가며 숙지했다. 이 초조함은 회의실에서 동료들의 말하나 하나를 놓치지 않고 듣는 원동력이 되었다.

결국 프로젝트는 성공적으로 끝났고 나 역시 이 과정을 통해 많은 것을 배웠다. 특히 프로젝트 계획은 어떻게 수립해야 하는 지, 기술적인 문제가 발생했을 때는 어떤 식으로 우선순위를 세워야 하는지 등을 익힐 수 있었다. 덕분에 그다음 프로젝트 역시 매니저에게 기대지 않고 직접 해답을 찾아갈 수 있었고, 그 공을 인정받아 더 큰 프로젝트와 제품 개발을 맡을 수 있었다.

후배에게 길을 제시하기도 해야 한다

반대로 팀에 새로 들어온 한 동료의 경우를 봤을 때는 무조건 부딪혀보는 방식이 최선이 아닐 수도 있다는 생각이 들었다. 동료의 매니저는 예전 내가 겪었던 것과 같이 직접 해보라며 그에게 업무를 전달했다. 그런데 이는 그 동료가 예전부터 업무를 배워 왔던 것과는 다른 방식이었다. 또한 내가 업무를 배웠을 때보다 제품에 많은 성능이 추가되었고 그만큼 전반적인 제품을 이해하기가 어려웠다. 동료는 스트레스가 쌓여갔다.

그는 모르는 사람들에게 질문하기를 힘들어했고 본인이 너무 일을 못 따라가는 것 같다며 점점 자신감을 잃어갔다. 심지어 프로젝트를 마무리했지만 추후 문제가 발생해 이를 개선하는 데도 많은 시간이 걸렸다. 이 과정을 옆에서 보며 무조건 부딪혀가며 알아가는 업무 방식이 옳지 않을 수도 있다는 것을 깨달았다. 그렇다고 매번 옆에서 답을 알려주는 것 또한 옳지 않다. 실제로 아마존 매니저들도 이를 깨닫고 직원에 따라 두 방식을 적절히 사용하곤 한다.

리더는 자신의 방식만을 고수하지 않고 업무 지시를 받는 사람을 이해하고 이에 맞게 조정하는 유연함을 갖춰야 한다. 모든 걸 적당히 그리고 유연하게 받아들이는 자세를 갖는 것이 관리자의 첫걸음이지 않을까 생각해본다.

아마존
리더십 원칙

09

배우고
호기심을 가져라
Learn and Be Curious

아마존의 리더는 항상 배우고 호기심을 가져야 한다. 진정한 리더는 배움을 멈추지 않으며 더 성장하려고 노력한다. 또한 새로운 가능성에 호기심이 많고 이를 탐구하기 위해 행동한다. 자신이 담당하는 업무 외 일에도 관심이 많고 이를 배우기 위해 노력한다. 한 분야에 전문가가 되더라도 그 이상을 찾아 나서고 결국에는 자신의 것으로 만든다.

학교를 졸업했다고 해서 배움이 끝나는 것은 아니다. 회사에 들어오면 사내 전문 용어나 프로세스와 같이 전반적인 업무에 대해 공부해야 한다. 시간이 지나면 자신의 업무에 어느 정도 전문성이 생기는데, 그렇게 일에 대한 자신감이 생기고 전문가가 되면 가끔은 더 이상 배울 게 없다는 생각이 들기도 한다. 점차 새로운 것에 대한 호기심을 내려놓고 지금까지 쌓아온 전문성을 활용해 일하게 된다.

물론 문제라고 볼 수는 없지만 빠르게 변화하는 시대에 호기심을 내려놓는다는 건 리더로서의 자격을 내려놓는 것과도 같다. 새로운 걸 받아들이지 않으면 시대의 흐름을 놓칠 수도 있다. 특히 리더처럼 방향을 정해야 하는 입장에서 트렌드를 읽지 못하면 이는 리더 자신과 리더의 회사에도 영향을 미칠 수 있다. 따라서 리더는 배움을 멈추지 않고 끊임없이 궁금해해야 한다. 신입사원 시절 선배들의 가르침을 빠짐없이 습득하기 위해 집중했던 때처럼 말이다.

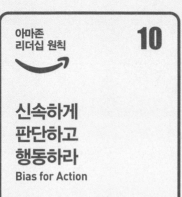

신속하게
판단하고
행동하라
Bias for Action

리더는 신속하게 판단하고 행동해야 한다. 비즈니스에서 속도는 중요하다. 사실 많은 결정과 행동은 되돌릴 수 있으며 광범위한 연구가 필요하지 않다. 아마존의 모든 결정 앞에는 이런 질문이 붙는다. '과연 이 결정은 되돌릴 수 있는가(Two-way door vs. One-way door)?'

이 질문의 영문을 보면 첫 구절 'Two-way door'는 말 그대로 쉽게 되돌릴 수 있는 결정 사항들을 가리킨다. 예를 들어 고객 경험에 약간의 변화를 주었는데 결과가 좋지 않다면 곧바로 기존 방식으로 돌아가는 경우다. 그다음 구절 'One-way door'는 한

번 변경하면 더 이상 돌이킬 수 없는 결정 사항들이다. 의사결정을 내리기 전에 먼저 이 결정이 어떤 경우에 속하는지 알아야 한다. 만약 돌이킬 수 있는 사항이라면 오래 고민하는 것보다는 일단 신속하게 결정을 내린 뒤 그 결과를 지켜본다.

일할 때 무척이나 진중한 사람들이 있다. 확실한 근거가 나타나기 전까지는 섣불리 결정을 내리지 않는다. 물론 이는 완벽한 선택을 위해 신중하게 살피는 태도다. 아마존이 데이터 기반 회사(어떤 이들은 수많은 데이터를 보고 고려하기 전까지 결정을 내리지 못하기도 한다)이기도 하고 워낙 직원이 많기에 그런 성향을 지닌 동료들을 간혹 볼 수 있다. 하지만 번복할 수 있는 결정 사항이고 근거를 확인하기까지 시간이 오래 걸릴 것 같다면 신속하게 판단하고 결단을 내려야 한다. 이는 담당자의 권한이다.

더불어 아마조니언에게 강조되는 사항은 '계산된 위험(Calculated -risk) 감수'다. 결정을 내리기 전 결정에서 나오는 위험 요소들과 이를 완화시킬 수 있는 방법들을 충분히 고려해보라는 것이다.

지나치게 신중한 나머지 중요한 시기를 놓치는 것은 비즈니스를 더 위험한 상태로 만든다. 오랫동안 붙잡고 있어도 뾰족히 다른 결과를 낼 수 없는 상황이라면 위험 요소들을 고려한 후 빠르게 결정해야 한다.

절약하라
Frugality

리더는 검소해야 한다. 즉 적은 자원으로 더 많은 성과를 만들어 내야 한다. 제약은 자급과 발명을 낳는다. 더 많은 인원과 예산, 고정 비용 증가에 대한 추가 점수는 없다. 이 원칙은 말 그대로 절약 혹은 검소함의 중요성에 대해 이야기하는 것이다.

다양한 복지를 제공하기로 알려진 테크 산업에서 아마존은 검소함을 외친다. 물론 '무조건 아껴야 한다'가 아니라 반드시 필요하지 않은 부분은 다시 생각해보라는 뜻이다. 한 예로 아마존에는 무료 점심이 없다. 예전에 나는 세 끼 다 무료로 제공했던 회사를 다녔기 때문에 점심을 제공하지 않는 회사에서 근무한다는 게 꽤 불편할 것이라고 생각했다. 그런데 막상 회사를 다녀보니 생각보다 불편하지 않았다. 오히려 내가 원하는 음식을 먹고 싶은 시간에 먹는 것도 나쁘지 않았다.

'검소함'은 일하는 내내 아마조니언의 머릿속을 헤집고 다닌다. 나와 같은 PM은 새로운 제품을 개발하는 과정에서 '어떻게 하면 개발 인원을 최소한으로 활용하면서 고객들에게 필요한 가치를 제공할 수 있을까' 고민한다.

사실 필요한 인원으로 적정한 기간 내 제품을 개발하는 것은 어떻게 보면 당연한 일이다. 프로젝트를 진행한 노력과 수고는 인정받아야 하지만 따로 좋은 인사고과 같은 추가 점수를 받을 일은 아니다. 그렇기에 리더들은 '어떻게 하면 정해진 자원을 가지고 더 많은 결과물을 가져올 수 있을까' 하는 생각을 끊임없이 한다.

물론 프로젝트를 수행하는 일만 아니라 이런 고민까지 하다 보면 더 많은 에너지가 소모된다. 하지만 이런 과정을 통해 주어진 자원의 소중함을 느끼고 더 효율적인 업무 방식을 고민함으로써 더 많은 결과물을 만들어낼 수 있다.

아마존
리더십 원칙

12

주인의식을 가져라
Ownership

아마존 리더들은 스스로 회사의 오너라는 생각을 갖고 일한다. 그들은 장기적으로 생각하며 단기적인 결과를 위해 장기적인 가치를 희생하지 않는다. 자신의 팀을 넘어 회사 전체를 대표해 행동하며 "그건 내 일이 아니야"라고 말하지 않는다.

회사 생활을 하면 주인의식을 갖고 일하라는 말을 자주 듣곤 한다. 월급을 받고 일하는 직원들에게 사장 같은 마음을 갖고 업무에 임하라니, 어찌 보면 부당한 말이다. 그러나 더 좋은 제품을 만들기 위해, 회사가 발전하기 위해서는 무엇보다 중요한 마음가짐이다.

하지만 대다수가 자기 업무에 치여 그 외의 업무를 맡는 걸 부담스러워하고, 성과 압박 때문에 장기적인 선택보다는 당장 눈앞의 이익을 선택하기도 한다. 그렇기에 회사는 무작정 주인의식을 가져야 한다고 직원들에게 강요할 게 아니라 스스로 주인의식을 가질 수 있는 환경을 조성해야 한다.

바로 앞에서 이야기했지만 리더는 장기적인 선택을 위해 눈앞의 단기적인 결과를 포기할 줄 알아야 한다. 아무리 실무자들이 장기적인 선택을 하더라도 당장 눈앞의 결과를 포기한 것에 대해 리더가 격려하지 않으면 결국 회사의 분위기는 제자리로 돌아간다. 실무자들에게 주인의식을 가지라는 말을 내뱉기 전에 먼저 리더의 마음가짐부터 바꿔야 한다.

반대로 실무자들은 리더에게 단순히 장기적인 결정을 했다고 말하는 게 아니라 그 결정의 가능성을 믿을 만한 숫자로 보여줘야 한다. 비록 지금 당장은 일부 손해를 볼 수 있지만 미래에 얻을 이익을 수치로 보여줌으로써 그들의 선택이 얼마나 이성적이었는지 보여주는 것이다.

회사 생활을 하다 보면 "그건 내 일이 아니야"라는 말을 생각보다 자주 듣게 된다. 이렇게 말하지 않으면 추가되는 업무 때문에 더 많은 시간 동안 일해야 하기 때문이다. 따라서 주인의식을 갖고 일하는 동료들을 만나는 건 참으로 행운이다.

보통 그런 사람들은 현실에서 인정받지 못한다. 본인 업무 외에 다른 업무까지 담당하면 그 사람의 업무량이 충분하지 않았다고 생각하는 사람도 있고, 시간을 쪼개가며 일하는데도 그저 그 사람은 일하는 걸 좋아한다고 생각하며 업무를 떠안기는 경우가 많다. 참으로 안타까운 현실이다. 이런 면에서 볼 때 진정한 리더란 "그건 내 일이 아니야"라고 말하지 않고 주인의식을 갖고 일하는 사람들을 발견해 이끌어주는 사람이 아닐까.

아마존
리더십 원칙

13

최고의 인재를
채용하고 육성하라
Hire and Develop the Best

리더는 직원의 채용 및 승진을 고려할 때 그들을 바라보는 기준을 높여 최고의 인재를 채용하거나 육성한다. 또한 뛰어난 재능을 지닌 인재를 기꺼이 받아들여 조직 전체에 적절하게 배치한다. 한편으로 리더가 될 인재를 개발하고 다른 사람을 지도하는데에도 진지하게 임한다.

훌륭한 CEO란 훌륭한 인재들을 모아 관리하는 사람이라는 글을 읽은 적이 있다. 리더는 본인이 실질적인 업무를 잘하기보다 이를 잘할 수 있는 사람을 발견하고 채용해서 적절하게 배치할 줄 알아야 한다는 것이다.

아마존 역시 채용에 진지한 편이다. 특히 채용이나 승진에서는 절대로 타협하지 않는다. 인재를 채용한다는 건 회사의 미래를 결정하는 것이나 마찬가지다. 그렇기에 아마존은 지원자들을 평가할 때 '과연 이 지원자가 동일 직무를 담당하는 직원들과 비교했을 때 상위 50퍼센트 안에 들어올까' 같은 질문을 던진다.

채용뿐만 아니라 아마존 리더들은 본인이 담당하는 직원들을 코칭하는 데 진지하다. 모든 직원은 주기적으로 상사와 커리어 면담을 한다. 문제없이 회사를 잘 다님에도 커리어 상담을 한다는 게 아이러니하게 들릴 수도 있다. 하지만 이 상담은 직원들의 최종 꿈에 대해 함께 고민하는 시간이다. 직원들은 자신의 꿈을 솔직하게 이야기하며 상사들은 이를 이루기 위해 직원에게 무엇이 필요한지 고민한다.

예를 들어 한 직원의 최종 꿈이 창업이라고 해보자. 이 경우 그 직원에게 필요한 것은 빠른 속도로 진급하는 게 아니라 창업할 때 알아두면 좋을 다양한 직무 능력일 수도 있다. 그러면 그 직원에게 단순히 한 직무만 맡기지 않고 직무 순환의 기회를 제공하면서 비즈니스의 전반적인 것을 배우도록 지원할 수 있다.

실제로 아마존의 많은 직원이 자신의 커리어 목표를 상사들에게 솔직하게 공유한다. 특히 창업이 목표인 사람들은 이를 숨기려고 하지 않는다. 최근 팀에 새로운 동료를 뽑기 위해 면접을 진행한 적이 있었다. 그 친구는 면접이 시작되자 이 팀에 오고 싶은 확실한 이유를 밝혔다. 추후 창업이 목표였던 그는 현재 내가 속한 팀에 들어와 본인보다 경험이 많은 PM들에게 제품 및 서비스 개발을 배우고 싶다고 말했고, 테크팀과 직접적으로 소통하는 경험을 쌓고 싶다고 했다.

만일 어떤 직원의 목표가 회사의 중역이 되는 것이라면 진급에 필요한 것들에 대해 피드백을 줄 수 있다. 아마존에서는 승진에 있어서 연차가 큰 비중을 차지하지 않는다. 몇 년을 일했는지는 중요한 문제가 아니다. 그보다 그가 다음 레벨의 업무 능력을 보여줬는지, 그만한 담당 프로젝트가 있는지가 중요하다.

이처럼 인재를 살피고 관리하는 능력은 아마존 리더들의 필수 덕목이다. 코칭 능력이 부족하거나 코칭에 시간을 할애하지 않으면 직원들로부터 존경받는 리더가 되기 어렵다.

신뢰를 얻어라
Earn Trust

리더는 신뢰를 얻어야 한다. 그러기 위해서는 사람들의 말을 주의 깊게 경청하고 솔직하게 말하며 정중한 태도를 갖춰야 한다. 또한 어색하거나 부끄럽더라도 자기비판에 인색해서는 안 된다. 리더는 자신이나 자신의 팀이 항상 옳다고 생각하면 안 된다. 늘 자신과 자신의 팀을 최고와 비교하고 벤치마킹해야 한다.

아마조니언에게 가장 중요한 원칙이 '고객집착'이라면 전반적인 회사 생활을 위해 가장 필요한 원칙은 함께 일하는 사람들의 신뢰를 얻는 것이다. 그만큼 다른 사람의 신뢰를 얻는다는 건 어려운 일이다. 때론 서로의 이해관계가 달라 사이가 틀어질 수도 있고, 때론 일하는 방식에 차이가 있어 미세한 잡음이 생길 수도 있다. 그렇다면 어떻게 해야 신뢰를 얻을 수 있을까.

사람들의 신뢰를 얻는 데 가장 중요한 것은 솔직함과 정중함이다. 서로의 관계에 연연하지 않고 직언을 얼마나 '정중하게' 할 수 있는지가 중요하다. 별것 아닌 듯 보이지만 솔직함과 정중함을 동시에 보여주는 사람은 생각보다 많지 않다.

정말 예의가 바른 동료지만 대화를 하다 보면 알맹이가 없고 본인의 속내를 드러내지 않는 이들이 있다. 관계에 금이 갈까 싫은 소리를 하지 못하고 좋은 관계를 유지하는 데 급급한 모습만 보인다. 그러면 일할 때 속도를 내지도 못하고, 더 좋은 제품을 위해 치열한 토론을 할 수가 없다.

반대로 지나치게 솔직한 동료가 있다. 머릿속 생각을 한 번쯤 걸러낸 다음 말해도 괜찮을 법한데 한번 열린 입은 멈추지 못할 때가 많다. 다른 사람의 의견을 무시한 채 본인 생각만을 밀어붙이는 솔직함은 얼마 남지 않은 신뢰마저 소멸시키기도 한다.

내 동료 중 유독 이 리더십 원칙에 어려움을 호소하는 친구가 있었다. 사적으로 만나 대화할 때마다 그는 친근했고 솔직했다. '왜 이 친구가 신뢰를 얻는 데 어려워할까' 생각했는데 마침 그와 함께 참석하는 회의가 잡혀 회의실 안에서의 그를 볼 수 있었다.

그런데 회의에서 만난 그는 전혀 다른 모습이었다. 물론 자신의 의견을 밀어붙이는 건 나쁘지 않았다. 하지만 자신의 의견에 다른 사람이 동의하지 않을 때 그는 지나치게 날카롭게 반응하는 모습을 보였다. 설령 그의 의견이 옳다고 하더라도 듣는 입장에서는 그가 다른 사람을 무시하고 있다는 느낌을 받을 수 있었다. 이처럼 사소한 말 한마디와 어조는 결국 그 사람의 이미지가 된다. 그러므로 사람의 신뢰를 얻기 위해서는 솔직함과 정중함을 동시에 갖춰야 한다.

의견에 솔직함을 담는 것은 어렵지 않다. 입 밖으로 꺼내지 못했을 뿐 누구나 솔직한 생각을 머릿속으로는 하고 있다. 문제는 사람들이 내 솔직한 의견을 들었을 때 어떻게 반응할지 모른다는 점이다. 그렇기 때문에 의견에 정중함을 녹여내야 한다. 우회적으로 설명하라는 뜻이 아니다. 의견에 '사람'이 아닌 '일'에 대한 본인의 생각만 전달하라는 것이다.

예를 들어 일을 하다 보면 예상 밖의 문제는 항상 발생한다. 여기서 정중하게 표현하려면 그 일을 담당하는 사람에게 잘못을 묻는 게 아니라 그 일이 발생한 원인과 이를 방지할 방안에 대한 이야기만 하면 된다. 예전에 부서 동료가 프로젝트를 준비하는 과정 중 놓친 부분이 있어 회사에 금전적 손해를 일으킨 적이 있었다. 보통 이런 일이 발생하면 무의식적으로 큰소리를 듣겠구나 생각한다. 그런데 디렉터도 참석한 회의에서 누구 하나 언성을 높인 이가 없었다. 그보다 문제를 일으킨 원인을 알고 싶어 했고 이런 문제 재발을 방지하기 위해 어떻게 하면 좋을지 서로의 의견을 보탰다. 여기서 정중한 태도는 높임말을 쓰거나 부드럽게 말하는 것이 아니다. 사람이 아니라 일에 대한 의견을 말하는 것이다.

한편으로 자신이 잘못했거나 모르는 부분이 있다면 솔직하게 인정해야 한다. 아마존에서 일하며 얻은 가장 큰 깨달음은 모든 것을 알 필요가 없다는 것이었다. 보통 드라마에서 보이는 회사 속 인물들은 상사의 질문에 답하지 못하면 "왜 이런 것도 모르냐"며 구박을 받기 일쑤다. 질문에 답하지 못한 자신을 탓하며 자신의 능력이 평가 절하될까 두려워한다. 그런데 아마존에서는 누구에게도 모든 질문에 답을 갖고 있으리라는 기대를 하지 않는다. 물론 답을 알고 있으면 좋겠지만 답을 모를 경우는 솔직히 모른다고 답하는 게 중요하다. 본인의 말솜씨가 좋다고 생각해서 어물쩍 넘어가려고 하면 오히려 자신을 깎아내리는 일이 된다.

보통 아마존에서 나오는 질문은 한 번에 끝나는 게 아니며 자세한 사항까지 파고든다. 한 번은 어떻게 넘어갈 수 있겠지만 뒤따르는 질문들에는 답하지 못해 실체가 탄로 난다. 그러니 자신이 알고 있는 한 솔직하게 말하고 모르는 부분은 모른다고 당당하게 말하는 게 낫다. 모르는 것은 배우면 되지만 모르는 것을 아는 척하는 건 양치기 소년이 될 뿐이다.

코로나 이후,
달라진 아마존의 모습

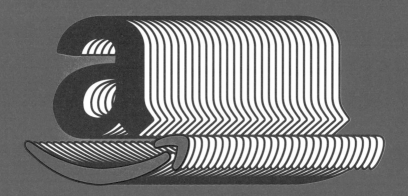

2020년부터 코로나19 바이러스가 한국과 유럽뿐 아니라 전 세계를 휩쓸고 있다. 사람들 사이에서 무한대로 퍼지고 있는 이 감염증 때문에 지금은 사람 사이뿐만 아니라 각 나라 사이도 거리 두기를 하고 있다. 기업도 마찬가지여서 많은 곳에서 재택근무나 비대면으로 업무를 하고 있다.

이런 풍경은 아마존도 다르지 않다. 코로나 시작과 함께 전면 재택근무로 전환되면서 일하는 방식에도 큰 변화가 찾아왔다.

이 챕터에서는 과거와 비교했을 때 몇 가지 크게 달라진 모습을 소개하고자 한다.

01 마이크로 매니지먼트를 줄인다

우리는 모두 다 큰 어른이다

마이크로 매니징(Micro-managing)이란, 예를 들어 설명하자면 팀장이 팀원들이 하는 모든 업무를 다 파악하고 지시하며 관리하는 것이다. 심하면 팀원이 매시간 어떤 업무를 하고 있는지 확인하고 아주 사소한 일까지 간섭하기도 한다. 어떤 팀장은 팀원들의 능력을 못 믿어서 업무 하나하나 참견하기도 하고, 어떤 팀장은 모든 일이 본인의 손을 거쳐야만 안심이 되기에 세세하게 관리하기도 한다. 그러나 모두 지나친 마이크로 매니징으로 이런 팀장 밑에서는 결코 성장할 수 없다. 초조해하며 완벽을 추구하기보다 긴 안목으로 팀원들을 신뢰해야 업무의 흐름이 자리를 잡는다.

최대한의 자율을 보장한다

아마존에서는 마이크로 매니징을 하는 팀장을 찾아보기 힘들다. '이렇게까지 권한을 줘도 되는 건가' 생각이 들 정도로 직원들에게 많은 결정 권한을 부여한다. 오히려 사소한 것을 보고하면 "이런 것까지 보고하지 않아도 돼. 당신도 이제 어른이잖아"라며 알아서 하라고 이야기한다.

이는 아마존의 리더십 원칙 중 하나인 '최고의 인재를 채용하고 육성하라'가 바탕이 되어 자리 잡은 문화다. 그들이 뽑은 인재들이 충분히 스스로 업무를 할 수 있을 것이라는 믿음이 있기에 가능한 것이다.

그런데 2020년부터 코로나19가 확산되면서 거의 모든 직원이 재택근무를 하게 되었다. 마이크로 매니징을 하지 않았다고 해도 사무실에서 근무했을 때는 직원이 어떤 업무를 하는지 대충 파악할 수 있었다. 하지만 집에서 근무하면 아무리 팀장이라도 팀원들이 일을 하는지 아닌지 온전히 파악할 수가 없다. 그렇기에 사람들은 오히려 마이크로 매니징을 시도하는 팀장들이 많아질 것이라고 예상했다.

그러나 아마존은 달랐다. 2020년부터 시작해서 재택근무를 시행한 지 1년이라는 시간이 지났다. 실제로 직원 중에서는 매니저와 2020년에 딱 한 번 본 사람도 있고, 새로운 매니저와 약 1년이라는 기간을 같이 근무했지만 한 번도 실물을 보지 못한 사람들도 있다. 아마존 매니저들은 직원들이 완벽히 자율적으로 근무하기를 기대한다.

직속 팀장과는 일주일에 한 번씩 1:1 화상 미팅을 한다. 한 시간 동안 현재 담당하고 있는 업무 진행 상황이나 도움이 필요한 사항에 대해 이야기하는 시간이다. 그 외에 대화하는 시간은 거의 없다. 필요에 따라 잠깐 통화를 하거나 다른 화상회의에서 만나는 경우는 있지만 팀장에게 보고하는 것은 그게 전부다.

따라서 심한 경우는 팀장과 일주일에 딱 한 번 대화하는 게 전부일 때도 있다. 그렇다고 팀장이 팀원들의 업무 상황에 관심이 없는 건 아니다. 도움이 필요하다면 언제든 도와줄 준비가 되어 있고, 오랜 재택근무로 어려운 점은 없는지 꾸준히 물어보며 도움을 주려고 한다.

가끔 서로의 멘털을 챙겨주자

화상 미팅에서는 동료들이 서로의 멘털을 챙겨주기도 한다. 특히 재택근무를 하면서 어려움을 겪는 동료들이 있었다. 어린아이들

코로나 이후, 달라진 아마존의 모습

이 있거나 집에서 근무할 환경이 잘 갖춰지지 않은 경우 재택근무하는 것을 어려워하는 동료들이 많았다. 따라서 재택근무가 시작된 이후에는 동료끼리 도울 수 있는 부분은 적극적으로 도와주려는 훈훈한 모습들이 많이 연출되기도 했다.

혼자 사는 동료들의 경우 외로움에서 오는 스트레스가 있기도했다. 따라서 더욱 자주 안부를 묻고, 오랫동안 얼굴을 보지 못한상태로 업무 이야기만 했다면 화상 앱을 켜고 맥주를 마시며 일외적인 대화를 나누기도 했다.

각자의 일은 결과로 말하게 하라

마이크로 매니징을 할 필요가 없는 이유는 각자만의 목표가 수치화되어 있고, 그것을 누구나 쉽게 확인할 수 있기 때문이다. 그렇기 때문에 어떤 방식으로 목표를 달성하든 그 세부적인 방식에대해서는 크게 관여를 하지 않는다. 결과로 말하면 되는 것이다.

재택근무가 시작되면서 마이크로 매니징을 하는 경우가 많아지고 있다는 뉴스를 본 적이 있다. 심한 경우 10분 단위로 어떤근무를 하고 있는지 작성해서 팀장에게 보고한다고 한다. 이는 팀원들의 업무 성과를 쉽게 확인할 수 없는 시스템의 부재와 신뢰 부족 때문에 벌어지는 모습이 아닌가 싶다.

지난 몇백 년 동안 사무실이라는 공간은 늘 존재했다. 많은 직장인이 아침 일찍 일어나 출근 준비를 하고 집에서 사무실까지 여러 수단으로 출퇴근을 했다. 사무실이라는 공간이 사라지지 않는 데는 그만한 이유가 있다고 생각한다. 하지만 지금 우리는 다른 선택권이 없다.

재택근무를 처음 시작했을 때 많은 사람이 업무 시간 외 추가 근무를 하곤 했다. 더 이상 출퇴근 시간이라는 것이 존재하지 않았고 퇴근을 하더라도 집에 있는 것 외에는 다른 일을 할 수 없었기 때문이다. 사람들은 재택근무를 하더라도 똑같은 성과를 낼 수 있다는 걸 어필하고 싶어 했기에 더 오랜 시간 회사 노트북을 붙잡고 있었다.

따라서 재택근무 시행 초기에는 늦은 시각까지 메신저를 하는 동료를 쉽게 볼 수 있었고, 나도 그게 당연하다고 생각했다. 이처럼 더 오랜 시간을 근무하다 보니 생산성은 사무실에서 근무하던 시기와 동일하거나 더 늘어난 듯했지만 정작 사람들은 더 오랜 근무로 피로가 쌓였다. 예전처럼 휴가를 써서 여행을 갈 수도 없었기 때문에 스트레스를 해소할 수도 없었다. 동료들과 회의를 하면서 서로 힘들어하는 모습을 보며 과연 재택근무가 정답인가라는 의문도 들었다.

물론 이는 재택근무 때문이 아닌 삶과 업무의 경계선이 모호해지는 데서 오는 문제라고 생각한다. 그렇기에 재택근무를 한다는 것이 생산성을 향상시킨다는 말은 믿고 싶지 않다. 오히려 재택근무가 생산성을 높이지 않을 수도 있음을 인정하고, 회사는 직원들이 삶과 일의 균형을 맞출 수 있도록 지원해야 한다.

팀원의 업무에 도움을 주어야 하는 경우는 어쩔 수 없지만 눈에 보이지 않는다고 해서 마이크로 매니징을 하는 것은 어쩌면 팀장의 자신감이 부족해서일수도 있다고 생각한다. 우리는 어린아이가 아닌 성인이다. 확실한 목표와 책임을 넘겨주고 믿음으로 지켜보며 필요할 때 지원하는 것이 당연하다.

02

아마조니언은
글을 더욱 많이 쓴다

서로의 소통에서 글의 영향력이 커졌다

사실 아마존에서는 코로나 이전부터 화상회의를 자주 했기 때문에 재택근무를 한다고 해서 회의의 모습이 크게 바뀌는 것은 없었다. 하지만 동료들을 직접 만나고 대화할 수 없기에 글의 중요성은 다시 한번 부각되었다.

과거에는 회의에서 다뤄진 내용을 보고 의문이 생겼을 때 잠깐 동료의 자리에 가서 슬쩍 물어볼 수 있었다. 이제는 그런 짧은 소통과 대화가 어려워졌다. 서로 바쁜 일정 속에서 빈 시간을 찾고 맞추는 것은 어렵기에 최대한 많은 내용들을 글로 적고 문서화하여 직원들이 손쉽게 찾아볼 수 있게 해야 한다. 아마존은 퀍(Quip)

이라는 솔루션을 사용해 부서 내에서 실시간으로 글을 작성해 공유하고 완성된 글들은 누구나 찾아볼 수 있게 했다.

이때 간소화된 내용들이 적힌 파워포인트 같은 파일은 자료의 맥락을 잘 모르는 사람이 보면 복잡한 퍼즐을 맞추는 것 같은 느낌을 받을 수 있다. 따라서 오히려 추가 설명이 없더라도 누구나 알아들을 수 있도록 자세히 글로 풀어놓는 것이 더 효과적이다.

기존에 사용되던 글의 포맷에 변경된 것은 없다. 하지만 비대면 업무로 전환되면서 예전 사무실에서 나눴던 가벼운 업무 진행 상황들은 전부 글로 변경되어 팀원들과 공유되고 있다. 팀원들이 전부 볼 수 있는 대시보드를 만들고 각자 맡고 있는 프로젝트의 현황을 주기적으로 업데이트한다.

특히 각자가 담당하고 있는 프로젝트가 어디까지 진행된 상태이며 어떤 부분에서 도움이 필요한지, 어떤 어려움을 겪고 있는지 올린다. 그러면 비슷한 경험을 한 적이 있는 동료가 자진해서 도움을 주기도 하고 어떤 방식으로 해결할 수 있는지 팁을 전하기도 한다. 큅 솔루션을 활용한 이 대시보드는 실시간 업데이트가 되기 때문에 손쉽게 변경된 사항들을 볼 수 있어 자주 활용된다.

03

예전보다 더 열심히
내가 하는 업무를 알린다

지나친 겸손은 미덕이 아니다

요즘은 자기 PR의 시대다. 회사에서도 자신의 업무나 성과는 널리 알려야 한다. 이는 아마존에서도 그렇다. 아마존에서는 새로운 제품을 출시하면 그 내용을 자랑스럽게 알리는 제품 출시 발표(Launch Announcement) 메일을 보낸다. 담당 부서와 팀장들에게만 보내는 것이 아닌 몇천 명의 아마조니언들에게도 메일을 보내 얼마나 훌륭한 프로젝트를 해냈는지 자랑하는 것이다. 이 메일을 보는 사람들은 이를 단순히 자랑으로만 보지 않는다. 모두 그간의 노력을 인정해주고 축하해준다.

코로나19가 확산되며 업무 환경이 변했기에 동료들이 하고 있는 업무와 진행 사항을 알기가 더 힘들어졌다. 예전에는 커피를 마시거나 식사를 하면서 동료들의 프로젝트 진행 방식을 배우기도 했는데 이제는 따로 회의를 잡지 않는다면 전혀 알 방법이 없다.

아마존과 같은 테크기업들은 예전부터 동료 간의 소통에서 오는 힘을 잘 알고 있었기에 그런 기회를 자주 만들려고 노력했다. 예를 들면 사내 식당을 작게 여러 군데 만드는 것이 아니라 한 개의 큰 식당을 만들어 더 많은 소통과 만남이 이뤄지게 했다. 그러나 재택근무 때문에 지금은 이런 우연한 만남의 기회를 기대할 수가 없다.

그렇기에 사람들이 더 열심히 본인의 성과를 공유하도록 장려하는 것이다. 단순한 자랑이 아니라 휴게실이나 사내 식당에서의 만남을 온라인화하여 성과를 공유하고 동료가 어떻게 일을 진행했는지, 어려움은 없었는지 소통하도록 한다. 한국의 많은 기업에서도 재택근무 도입과 함께 미래의 근무 환경에 대한 고민과 다양한 대안들을 준비해야 하지 않을까?

아마존의
등줄기를 지탱하는
데이원
It's Always Day 1 at Amazon

"아마존은 언제나 Day 1이다."

제프 베조스의 주주서한에 자주 등장하는 문구로 아마존의 문화이자 아마조니언들이 일을 대하는 멘털 모델(Mental Model)을 설명하는 표현이다. 데이 원. 말 그대로 아마존이 처음 문을 열었던 그날을 일컫는다. 처음 'Amazon.com'이라는 사이트가 공개되었던 그날의 마음가짐을 갖고 일을 한다는 것이다.

수많은 스타트업 중 하나였던 당시의 아마존은 누구보다 고객에게 집중했고 (지금도 그렇지만) 빠르고 질 높은 결정을 내렸다. 새로운 가능성에 대해 다양한 실험을 했고 실패를 두려워하지 않았

으며 도리어 그 속에서 배울 점을 찾았다. 작지만 확실한 주인의
식이 있는 팀들로 구성되었고 지속 가능한 가치와 장기적인 결정
을 위한 투자를 해왔다.

그렇다면 데이 투(Day 2)는 무엇일까. 제프 베조스는 이 시기가
되면 단기적인 목표에만 집중하고, 고객에게 중요한 가치를 전달
하는 것보다는 업무 프로세스에 집중하게 된다고 설명했다. 프로
세스에 집중하는 시기란 예상 외 결과가 나왔을 때 단순히 "우리
는 프로세스를 따랐어요"라며 현실과 타협하려는 모습을 보일 때
다. 그보다는 어떻게 하면 고객에게 올바른 가치를 전달할 수 있
을까라고 고민하며 결과에 집중하는 모습을 보여줘야 한다.

데이 투 조직은 사람들에게 의사결정 권한과 다양한 실험을 할
수 있는 자율성을 제공하기보다 관료주의적 사고로 현실에 안주
하는 모습을 보인다. 아무래도 조직이 커지다 보면 관리가 어려
워져 이런 문화가 자리 잡는다. 그러나 조직이 데이 투에 도달하
면 시대에 맞춰 변화하지 못하고 도태될 수 있다. 그러므로 조직
은 처음 문을 열었던 데이 원의 정신을 잊지 말아야 한다.

데이 원 문화는 회의에서도 자주 목격된다. 새로운 제품을 출
시하거나 기존 비즈니스에서 좋은 성적을 달성하더라도 담당자
들은 "아직 우린 데이 원에 있다"라고 말한다. 초심을 잃지 않고
고객을 위한 결정을 할 것이라는 아마조니언들의 신념을 가장 잘

보여주는 문장이라고 생각한다.

아마존 회의에 참석한 실무자들은 의사결정에 대한 수많은 권한을 갖고 있고 설령 담당 프로젝트가 실패하더라도 책임을 묻기보다 그 속에서 배울 점에 대한 질문을 받는다. 이런 데이 원 문화는 기업을 경영하는 사람들뿐만 아니라 직원들까지 위기의식을 갖게 해서 조직이 도태되는 것을 방지해주는 역할을 한다.

에필로그

회사마다 지향하는 비전과 경영 원칙들이 있다. 누구나 취업을 준비하던 시절 목표 회사의 비전과 경영 원칙들에 대해 공부한 경험이 있을 것이다. 그러나 막상 회사생활을 시작하면 정작 그 원칙들을 되돌아보는 경우가 드물다. 물론 경영진들은 그 원칙들을 따르기 위해 최선을 다할 수도 있겠지만 실무자들은 본인들 업무를 하기에 바쁠 뿐이다. 아마존에 근무하면서 가장 인상 깊었던 점은 "지구에서 가장 고객 중심적인 회사가 되자"라는 기업의 비전과 이 책에서 소개한 아마존의 14가지 리더십 원칙을 직원 모두가 믿고 따르며 매일 실무에 적용하고 있다는 점이었다. 실제로 아마존 직원에게 리더십 원칙에 대해 물어본다면 대답을 못 할 사람은 거의 없다. 이처럼 직원들은 모두 같은 원칙을 바탕으로 보다 옳은 의사 결정을 통해 고객들을 만족시키고자 한다.

현대 경영학을 창시한 학자로 평가받는 피터 드러커(Peter Ferdinand Drucker)는 다음과 같은 말을 했다. "문화는 아침식사로 전략을 먹는다(Culture eats strategy for breakfast)". 기업의 성공을 위해서는 뛰어난 전략보다 기업 문화가 더 중요하다는 말이다. 여기서 기업 문화란 무조건 많은 복지를 제공하고 회식을 덜 하는 환경을 만드는 것이 아니다. 직원들이 어떤 생각으로 본인의 업무를 바라보고 어떻게 의사결정을 내리는지를 말하는 것이다. 기업 문화는 직원들이 기업의 비전을 얼마나 믿고 따르는지에 따라 결정된다. 올바른 기업 문화를 구축하는 것은 CEO의 역할일 수 있겠지만, 그 문화가 제대로 정착될 수 있게 하는 것은 그 조직을 맡고 있는 팀장의 역할이 크다. 이 책을 통해 우리 회사의 비전과 경영 원칙이 무엇인지 돌이켜보고 또한 기업 문화가 직원들이 업무를 하는 데 어떠한 영향을 주고 있는지 생각해보는 시간이 되었으면 한다.

이 책을 낼 수 있도록 도움을 주신 많은 분들에게 감사함을 전한다. 항상 새로운 도전을 할 수 있도록 용기를 주시는 부모님, 만나면 즐거운 형 부부와 채린이, 취업 준비를 한다고 정신이 없는 내 동생 수현이, 새로운 가족이 되어 따듯하게 대해 주시는 장인 장모님과 형님 부부 그리고 소율이까지, 모든 분들의 응원이 있었기에 글을 완성할 수 있었다. 또한 책을 내는 과정 동안 꾸준히 소통하며 도움을 주신 오수영 대리님께도 감사의 인사를 드린다. 마지막으로 새로운 책을 집필하는 것에 대해 고민했을 때 누구보다 응원을 아끼지 않았던 와이프 소영이에게 고맙다는 말을 전한다.

아마존의 팀장 수업

초판 1쇄 발행 | 2021년 6월 25일
초판 3쇄 발행 | 2021년 12월 12일

지은이 · 김태강
발행인 · 이종원
발행처 · (주)도서출판 길벗
브랜드 · 더퀘스트
주소 · 서울시 마포구 월드컵로 10길 56 (서교동)
대표전화 · 02) 332–0931 | **팩스** · 02) 322–0586
출판사 등록일 · 1990년 12월 24일
홈페이지 · www.gilbut.co.kr | **이메일** · gilbut@gilbut.co.kr

책임편집 · 오수영(cookie@gilbut.co.kr), 김세원, 유예진, 송은경 | **제작** · 이준호, 손일순, 이진혁
영업마케팅 · 정경원, 최명주, 김도현 | **웹마케팅** · 김진영, 장세진 | **영업관리** · 김명자 | **독자지원** · 윤정아

디자인 · 霖design 김희림 | **교정** · 김순영 | **CTP 출력 및 인쇄** · 금강인쇄 | **제본** · 금강제본

ISBN 979–11–6521–579–8 (03320)
(길벗 도서번호 090183)

정가 : 15,500원